职业教育财经商贸大类专业基础课系列教材

U0791755

SHUISHOU JICHU

税收基础

王兆立 宋峰 刘春胜 主编

东北财经大学出版社 Dongbei University of Finance & Economics Press 大连

图书在版编目（CIP）数据

税收基础 / 王兆立，宋峰，刘春胜主编．—大连：东北财经大学出版社，2024.7．—（职业教育财经商贸大类专业基础课系列教材）．—ISBN 978-7-5654-5316-8

Ⅰ．F812.423

中国国家版本馆CIP数据核字第2024Y9V060号

东北财经大学出版社出版
（大连市黑石礁尖山街217号　邮政编码　116025）
网　　址：http://www.dufep.cn
读者信箱：dufep@dufe.edu.cn

大连永盛印业有限公司印刷　　东北财经大学出版社发行

幅面尺寸：185mm×260mm　　字数：233千字　　印张：10.5

2024年7月第1版　　2024年7月第1次印刷

责任编辑：周　欢　　责任校对：一　心

封面设计：原　皓　　版式设计：原　皓

定价：30.00元

教学支持　售后服务　　联系电话：（0411）84710309
版权所有　侵权必究　　举报电话：（0411）84710523
如有印装质量问题，请联系营销部：（0411）84710711

前言

教材是传授知识的载体和教学的依据，职业教育教材建设，必须注重吸收行业发展的新知识、新技术、新工艺、新方法，这是推动职业院校课堂教学改革，提升课堂教学质量的重要保障。为响应党的二十大报告提出的“实施科教兴国战略，强化现代化建设人才支撑”的目标，紧跟我国税制改革步伐，对接《中等职业教育专业简介（2022年）》，我们组织优秀教师和行业专家编写了本教材。本教材具有以下特色：

1. 体现认知规律，注重理实一体

本教材从学生的认知规律和职教理念出发，分解学习任务，强化任务训练，体现理实一体，突出“学中思、学中练”，立足解决税务会计岗位中的实际问题，侧重教材的实用性和适用性。

2. 落实立德树人，有机融入思政元素

贯彻“三全”育人的理念，在编写过程中，挖掘每个税种的思政元素，通过“税史鉴心”“税改振心”“税惠润心”“税规律心”等栏目，浸润“税思育人”；梳理知识、业务和素养链条，融入富有时代特色的职业教育教材思政元素。

3. 理论简明适度，教学设计合理

本教材淡化理论知识的系统性和完整性，突出内容的实用性和实践性。采用项目-任务式教学设计，各任务下面设置了“任务概要”“任务导入”“任务准备”“任务训练”等模块。根据学习需要设置了“线上拓税”二维码，以拓展知识的宽度，将教材立体化、数字化地展现在学生面前。

4. 注重内容更新，增强时效性和适用性

根据专业教学标准新要求、税收新政策和岗位新需求，注重选用最新的税法规定，引用最新案例和数据，体现税收改革最新政策，有效地解决了税法“更新快”与教材内容“滞后”的矛盾，增强了时效性和适用性。

5. 版式设计新颖，内容图文并茂

本教材注重版式的设计和图文的搭配，加入了大量“思政育人”的阅读资料，并设置了“学中思”小模块，力争做到设计新颖、图文并茂，以增加本教材的趣味性和可读性，激发学生的学习兴趣。

本教材由山东省临沂市高级财经学校正高级讲师、注册会计师王兆立，会计骨干人才、讲师宋峰，正高级讲师、税务师刘春胜任主编，临沂市高级财经学校管艳梅、济宁市高级职业学校李绘芳，聊城高级财经职业学校李娅慧，临沂市商业学校宋晓明，临沂市高级财经学校盖丽玮、高志艳，临沂市信息工程学校李云艳任副主编。参与本书编写的还有重庆市农业机械化学校聂华，河北省科技工程学校李丽颖，济宁市高级职业学校王美静，莱阳市职业中专孙文珍，临沂市工业学校杨宇、张彩红，临沂市工程学校郭远博，临沂市机电工程学校刘小绯，临沂市农业学校李美玲，临沂市经济学校刘伟，临沂市高级财经学校王爱民、庞润泽。教材案例由山东恒宇会计师事务所有限责任公司注册会计师、税务师李贵兰遴选，全书由王兆立总纂并定稿。

本教材既可作为职业院校财税类和会计类专业基础课的教学用书，也可满足财经商贸大类其他专业相关课程的教学所需，同时还可供社会培训使用。

山东省教育科学研究院正高级讲师于家臻、济宁市高级职业学校正高级讲师王建领对本书提出了宝贵意见，在此表示感谢。此外，在本教材的编写过程中还参考了部分同类教材和相关网站的资料，在此向有关作者一并表示感谢！

由于编写人员水平有限，加之编写时间仓促，书中疏漏、错误之处在所难免，敬请各位专家、同仁和广大读者批评指正。

编　者

2024 年 6 月

目录

项目一　税收认知 / 1
任务一　初识税收 / 1
任务二　税制要素 / 5
任务三　税收分类 / 12

项目二　流转税制 / 17
任务一　增值税 / 17
任务二　消费税 / 38
任务三　关税 / 49

项目三　所得税制 / 57
任务一　企业所得税 / 57
任务二　个人所得税 / 74

项目四　资源税制 / 93
任务一　资源税 / 93
任务二　城镇土地使用税 / 100
任务三　耕地占用税 / 104
任务四　土地增值税 / 109

项目五　财产税制 / 116
任务一　房产税 / 116
任务二　车船税 / 121
任务三　契税 / 126

项目六　行为税制 / 131

任务一　印花税 / 131

任务二　车辆购置税 / 137

任务三　环境保护税 / 141

任务四　城市维护建设税 / 153

主要参考文献 / 159

项目一　税收认知

□知识目标

1. 理解税收的概念及特征。
2. 掌握税制构成要素的基本内容。
3. 掌握税收分类及分类标准。

□能力目标

1. 能够正确判断各税制要素在税种中的地位。
2. 能够结合不同税种理解并掌握各税制要素内容。
3. 能够按不同标准对税收进行分类。

□素养目标

1. 培养精益求精、一丝不苟的工匠精神。
2. 培养敬畏法律、诚实守信的职业道德。
3. 培养税收文化自信意识。

任务一　初识税收

任务概要

本任务主要介绍税收的概念及税收的基本特征和税收职能。通过学习，要求理解税收的含义，重点掌握税收的基本特征等内容。

【任务导入】

税收是国家财政收入的主要来源，也有人把税收称之为共和国的血脉。古人说：“税以足食，赋以足兵。”随着经济社会的发展，现代税收的内涵也日益丰富。那么，如何理解税收的含义呢？

任务准备

一、税收的概念

税收是一种经济现象，如开办工厂、商店需要缴税，以前农民种田要缴纳公粮（类似“农业税”）。那么什么是税收呢？在历史上，税收曾被称为“赋税”“租税”“捐税”，它是在一定的社会和经济条件下产生的。税收是国家机器赖以存在和发挥作用的经济基础，从奴隶社会到现代社会，它已经存在几千年了。

☞ 税思育人·税史鉴心

税收的起源

我国的税收起源于夏朝、商朝至西周这一时期。夏朝的“贡”、商朝的“助”、周朝的“彻”是我国最原始的税收形式。

“贡”，是夏朝统治者凭借军事政治权力进行的强制课征，要求所属部落及臣民以当地的土特产纳贡。“助”，是建立在商朝土地井田制基础上的赋税制度。国家将耕地划分为若干“井”字形方块田，中央为公田，周围八块为私田，每个农户耕种一块私田，八家共同耕种中央一块公田，公田上的收获全部归王室所有，私田则不纳税。即所谓的“助者借也”，即借助民力以治公田，实际上是一种力役之征。周朝不再分公田、私田，而一律按农户耕种的土地收取一定比例的农产品，即“民耕百亩者，彻取十亩以为赋”，即为“彻”法。

一般认为，税收是国家为了实现其职能，凭借政治权力，按照法律规定，强制、无偿地取得财政收入的一种分配方式。对税收概念的理解，应从以下方面把握：

（一）税收分配的主体是国家

税收与国家有着本质联系，它是随着国家的产生而产生的，并为国家职能的实现提供经济保障。作为取得财政收入手段的税收，其掌握者和运用者只能是国家，也就是说，税收是由国家或政府征收的，征税权力只能属于国家，征收什么税、对谁征税、征多少税是由国家通过法律规定的，征税的办法由国家立法机关制订，征税活动由国家组织进行，税收收入由国家支配管理。除此之外，其他任何组织或机构均无征税权。税务机关和海关等征税部门是国家的派出机关，负责税收的征收与管理。

（二）税收分配的依据是国家的政治权力

社会产品的分配总是要以一定的权力为基础，国家要取得任何一种财政收入，都是以其所拥有的某种权力为依托的，而这种权力，包括财产权力和政治权力两种。这正如马克思所指出的：“在我们面前有两种权力：一种是财产权力，也就是所有者的权力；另一种是政治权力，即国家的权力。”投资者取得红利、资金所有者取得利息、房屋所有者取得房租等，是由于他们拥有财产所有权。而国家取得税收收入，凭借的则是政治权力；也就是说，税收是以国家名义，通过一定的法律程序，按事先确定的标准向经济组织和个人强制、无偿地征收的。

（三）税收分配的目的是国家实现其职能的需要

为了保护国家主权和领土完整、维护社会正常秩序和实现公共服务的功能，国家需要具备一定的物质基础，而国家本身的非生产性意味着其并不直接创造物质财富，只能以社会管理者的身份、以税收的形式参与社会产品的分配，取得物质财富用于行使国家职能；同时，为了满足公民物质生活的需要和各项法定权利的实现，以及企事业单位经济发展的需要，国家也必须以税收的形式积聚大量的资金，用于工农业基础建设，公共设施建设，发展科学技术、文化、教育、卫生等事业。因此，税收从它产生之日起，就是国家取得财政收入的重要手段。

（四）税收分配是国家参与社会产品分配的一种特殊形式

税收是国家凭借其政治权力，把社会产品的一部分按照法律规定强制、无偿地变为国家所有，使一部分社会产品由私人和厂商单方面向国家转移。结果国家对社会产品的占有从无到有、从少到多，纳税人对社会产品的占有由多到少。税收就是这样执行着社会产品分配的职能。

二、税收的基本特征

税收的基本特征是指税收作为一种财政收入方式与其他财政收入方式相比较所具有的特点，是税收本身所固有的形式特征，即强制性、无偿性和固定性，习惯上称之为税收“三性”，它是税收区别于其他财政收入的基本标志。

（一）强制性

税收的强制性，是指税收这种分配形式是以国家的政治权力为依据，是通过法律形式予以规定的。征税权是国家主权的一部分，国家对社会成员依法享有征税的权力；同样，依法纳税是每个公民和单位应尽的义务，对拒不纳税或逃避纳税者，国家除依法强制征收外，还将给予法律制裁。

☞ 税思育人·税案警心

黄薇偷逃税案

2021年12月20日，浙江省杭州市税务局稽查局查明，网络主播黄薇（网名为薇娅）在2019年至2020年，通过隐匿个人收入、虚构业务转换收入性质虚假申报等方式偷逃税款6.43亿元，其他少缴税款0.6亿元，依法对黄薇做出税务行政处理处罚决定，追缴税款、加收滞纳金并处罚款共计13.41亿元。

资料来源：根据百度百科相关资料整理得来。

（二）无偿性

税收的无偿性，是指国家征税以后，税款即归国家所有，既不需要再归还纳税人，也不需要对纳税人付出任何代价，是一种无偿征收。列宁指出：“所谓赋税，就是国家不付任何报酬而向居民取得东西。”可以说，税收的强制性决定了征税收入不必偿还。无偿性是税收的重要特征，它使税收明显区别于还本付息的国债等财政收入，也区别于工商、交通运输等行政管理部门为社会提供服务而收取的各种形式的规费。

（三）固定性

税收的固定性，是指国家必须通过法律形式事先规定征税对象以及征收数额或征收比率。未经严格的立法程序，任何单位和个人都不得随意变更或修改。税收的固定性的特征，使税收与一些对违法行为的罚款、没收等严格区别开来。

税收的三个基本特征是紧密联系的。只有无偿征收，才能满足国家实现职能的需要；而要无偿取得收入，就必须凭借强制性的手段；而税收的强制性和无偿性又决定和要求征收的固定性。可见，税收的“三性”是缺一不可的。判断一种财政收入是不是税，主要就是看它是否同时具有这三个特征。

三、税收的职能

税收的职能是指税收本身所固有的功能，它是税收本质的具体体现。一般来说，税收具有组织收入职能、调节经济职能和监督职能。

（一）组织收入职能

组织收入是税收的最基本的职能。国家为了实现其职能，需要大量的财政资金，税收是国家取得财政收入的一种主要方式，具有其他财政收入方式不可取代的作用。税收的固定性保证了财政收入的及时和源源不断；税收的无偿征收，最适用于满足公共需要的开支。因此，税收收入成为政府收入的主要来源。

【学中思】你知道我国2023年税收总收入是多少吗？可以上网查一下。

（二）调节经济职能

人们常把能改变人们的物质利益关系、影响人们的经济行为、使之朝着预定方向和目标运转的一切经济手段或方法称为经济杠杆。税收就是一种由政府直接掌握的主要经济杠杆之一。税收杠杆主要从宏观和微观两方面对经济进行调节。在宏观方面，国家通过增加或减少税收收入总量，相应减少或者增加纳税人的支付或购买能力，引导纳税人经济活动的领域和方式，刺激或抑制社会总供给和总需求，以维持经济的稳定发展；在微观方面，国家主要是通过变动税收分配方法，如对某些经济活动征税而对某些经济活动则不征税，有些项目多征税而有些项目少征税，有些项目则给予减税免税优惠等，对纳税人的物质利益造成不同的影响，引导纳税人调整自己的经济行为，如放弃某项活动转而从事另一项活动，以配合产业政策，促进生产结构、消费结构的调整，从而达到优化资源配置的目的。

（三）监督职能

国家向纳税人征税的质量与数量能够在客观上反映出纳税人的生产经营和收入状况，反映出整个国民经济的发展状况，成为国家获取经济信息、监测经济政策执行程度的重要渠道。并且，国家通过税收的征管，也能够制约纳税人的经营活动，保证各项税收政策的实施，这就是税收的监督职能。

税收的三项职能是相互联系、相辅相成的。税收在参与社会产品分配过程中，一方面可以取得财政收入，另一方面也必然改变纳税人的经济利益分配，进而影响其经济活动。与此同时，税收也就自然地反映着纳税人的经营状况，制约着纳税人的经济活动。所以，税收的三个职能是密不可分的，它们共存于税收这个统一体中。

任务训练

一、单项选择题

1. 税收分配的依据是（　　）。

A. 国家的财产权力　　B. 国家的政治权力

C. 国家的投资权利　　D. 国家的经营权利

2. 国家征税的目的是满足（　　）。

A.企业需要　　B.国家机关需要
C.私人需要　　D.国家实现其职能的需要

3.组织财政收入税收的最基本的职能是（　　）。

A.组织财政收入　　B.调节经济
C.监督经济　　D.投资经济

二、多项选择题

1.税收的特征包括（　　）。

A.强制性　　B.有偿性
C.无偿性　　D.固定性

2.下列关于税收的说法中，正确的有（　　）。

A. 税收分配是按照等价交换原则来实现的
B. 没有税收，国家机器就不可能有效运转
C. 税收的特征有强制性、无偿性和固定性
D. 税收是凭借政治权力征收的

参考答案

任务二　税制要素

任务概要

本任务主要介绍税制构成要素的基本内容。通过学习，要求理解税制要素的基本含义，重点掌握税制要素的内容。

【任务导入】

前面刚刚学过“税收的固定性”。所谓“税收的固定性”，是指国家必须通过法律形式事先规定征税的对象以及征收数额或征收比率。未经严格的立法程序，任何单位和个人都不得对其随意变更或修改。可见，每个税种对谁征税对什么征税，征多少，什么时间缴纳都要规定得明明白白。这些都归纳为税收制度的构成要素，简称税制要素。

任务准备

一、纳税人

纳税义务人，简称纳税人，是税法规定的直接负有纳税义务的单位和个人，也称纳税主体。纳税人是税收制度构成的最基本要素之一。从法律角度划分，纳税人包括法人

和自然人两种。

法人是指依法成立，能够独立地支配财产，并能以自己的名义享受民事权利和承担民事义务的社会组织。

自然人是指依法享有民事权利并承担民事义务的公民个人。

为了更好地理解纳税人概念，需要介绍一下与其相关的两个重要概念，即扣缴义务人和负税人。

（一）扣缴义务人

扣缴义务人简称扣缴人，是指依法负有代扣代缴义务的单位和个人。扣缴义务人必须严格履行扣缴义务；对不履行扣缴义务的，税务机关应视情节轻重予以适当处置，并责令其补缴税款。

（二）负税人

负税人是最终负担税款的单位和个人。纳税人是直接向税务机关缴纳税款的单位和个人，而负税人是指税款的最终承担者或实际负担者，两者既有联系又有区别。由于存在税负转嫁，所以纳税人并不一定就是负税人。纳税人和负税人是否一致，主要取决于税种的性质。例如，对烟、酒、高档化妆品等征收消费税，纳税人可以通过提高价格把税款转嫁给消费者，从而使纳税人和负税人不一致。但在某些情况下，如企业所得税、个人所得税等，由于税负不易转嫁，所以纳税人就是负税人。

【学中思】纳税是有收入的成年人的事，与我们中职生无关。对于这种说法，你认同吗？

二、征税对象

征税对象是税法中规定征纳双方权利义务所指向的目的物或行为，即征税客体，指明对什么征税。

征税对象是税法中的一个重要要素，这主要表现在三个方面：第一，征税对象体现着各种税的征税范围。例如，我国增值税以货物和劳务服务流转各个环节所创造的新增价值额为征税对象，这就决定了增值税的征税范围包括销售或进口货物，提供加工、修理修配劳务及提供服务等范畴。第二，征税对象是一种税区别于另一种税的主要标志，成为不同税种名称的由来。例如，以增值额为征税对象的税种称为增值税，以所得额为征税对象的税种称为所得税。第三，税法中其他要素的内容一般都是以征税对象为基础确定的。如国家开征一种税，确定了该税种的征税对象，该税种由谁来缴纳（纳税人）、缴多少（税率）、什么环节缴纳（纳税环节）等问题都是以征税对象为基础确定的。

与征税对象相关的概念有税目和计税依据。

（一）税目

税目是征税对象的具体化，反映具体的征税范围，代表一种税的征税广度。并非所有的税种都规定税目。有些税种的征税对象简单、明确，没有另行规定税目的必要，如房产税；有些税种的征税对象复杂，需要规定税目，如消费税。税目具有两个方面的作用：明确征税范围；针对不同税目确定差别税率，体现国家政策。

（二）计税依据

计税依据又称税基，是计算应纳税款的依据，是对征税对象的量的规定。

不同税种的计税依据是不同的，如企业所得税的计税依据是企业的应纳税所得额，资源税的计税依据是销售额等。

计税依据在表现形态上有两种：一种是价值形态，称为“从价计征”，即以征税对象的价值作为计税依据，如增值税中的商品销售收入额等；另一种是实物形态，称为“从量计征”，就是以征税对象的数量、面积、重量、容积、体积等作为计税依据，如我国的消费税中对啤酒征税，征税对象是啤酒，而计税依据是销售吨数。

三、税率

税率是应纳税额与征税对象之间的法定比例，是计算应纳税额的尺度，体现着征税的深度，是衡量税负轻重与否的重要标志。因此，它是税收政策的中心环节。

税率的高低反映了国家在一定时期的政策要求，关系到国家财政收入的规模大小和纳税人负担的轻重，关系到政府、生产经营单位和个人三者之间的经济利益，因此税率是税收制度的核心和灵魂。合理地设计税率，正确地执行有关税率的规定，是依法治税的重要内容。

我国现行税率有比例税率、定额税率和累进税率三种基本形式。

（一）比例税率

比例税率是指对同一征税对象不分数额大小，规定相同的征收比例的税率。它是一种应用最广、最常见的税率形式。比例税率一般适用于对流转额的课税。

比例税率的优点：一是同一征税对象的不同纳税人的税收负担相同，能够鼓励先进，鞭策落后，有利于公平竞争；二是计算简便，有利于税收的征收管理。但是，比例税率不能体现量能负担的原则。我国的增值税、企业所得税等采用的就是比例税率。

比例税率在具体运用上，又分为以下几种：

1. 行业比例税率，即按不同行业规定不同的税率，同一行业采用同一税率。

2. 产品比例税率，即对不同产品规定不同税率，同一产品采用同一税率。

3. 地区差别比例税率，即对不同地区实行不同税率。

4. 幅度比例税率，即中央只规定一个幅度税率，各地可在此幅度内，根据本地区实际情况，选择、确定一个比例作为本地适用税率。

（二）累进税率

累进税率是按征税对象数额的大小，划分若干等级，每个等级由低到高规定相应的税率，征税对象数额越大则税率越高，数额越小则税率越低。累进税率能够贯彻量能负担的原则，适应纳税人的负担能力，灵活地调节收入。累进税率一般适用于对所得额的课税。

我国现行税制采用的是超额累进税率和超率累进税率。

1. 超额累进税率，即把征税对象按数额大小分成若干等级，每一个等级适用一级税率，征税对象的数额在哪一级次则按哪一级次的税率计算，仅就超过的部分按高一级的税率计算征收，然后将计算出的每级税额相加，得出的就是应纳税额。目前采用这种税率的是个人所得税（见表1-1）。

表1-1 个人所得税税率表

（综合所得适用）

级数	全年应纳税所得额	税率（%）	速算扣除数（元）
1	不超过36 000元的	3	0
2	超过36 000元至144 000元的部分	10	2 520
3	超过144 000元至300 000元的部分	20	16 920
4	超过300 000元至420 000元的部分	25	31 920
5	超过420 000元至660 000元的部分	30	52 920
6	超过660 000元至960 000元的部分	35	85 920
7	超过960 000元的部分	45	181 920

2. 超率累进税率，即以征税对象的相对率划分若干级距，分别规定相应的差别税率，相对率每超过一个级距的，对超过部分就按高一级的税率计算征税。目前采用这种税率的是土地增值税（见表1-2）。

表1-2 土地增值税税率表

级数	增值额占扣除项目金额的比例	税率（%）	速算扣除系数（%）
1	未超过扣除项目金额50%的部分	30	0
2	超过扣除项目金额50%但不超过扣除项目金额100%的部分	40	5
3	超过扣除项目金额100%但不超过扣除项目金额200%的部分	50	15
4	超过扣除项目金额200%的部分	60	35

（三）定额税率

定额税率是税率的一种特殊形式。它不是按照征税对象规定征收比例，而是按照征税对象的计量单位规定固定税额，所以又称为固定税额，一般适用于从量计征的税种。

在具体运用上，固定税额分为以下几种：

1. 地区差别税额。即为了照顾不同地区的自然资源、生产水平和营利水平的差别，根据各地区经济发展的不同情况分别制定的不同税额。

2. 幅度税额。即中央只规定一个税额幅度，各地根据本地区实际情况，在中央规定的幅度内，确定一个执行数额。

3. 分类分级税额。即把征税对象划分为若干个类别和等级，对各类各级由低到高规定相应的税额，等级高的税额高，等级低的税额低，具有累进税的性质。

上述三种税率体现着三种不同的负担政策。比例税率体现等比负担政策，累进税率体现累进负担政策，定额税率体现等量负担政策。

【学中思】如果将比例税率、累进税率和定额税率这三种税率用数学坐标来描述，会是怎样的情况呢？尝试一下。

四、减免税

减税是对应纳税额减征一部分税款；免税是对应纳税额全部免征。减免税是对某些纳税人和征税对象给予鼓励和照顾的一种措施。

减免税是税收制度构成要素之一。因为国家的税收制度是根据一般情况制定的，具有普遍性，不能照顾不同地区、部门、单位的特殊情况，设置减免税，可以把税收的严肃性和必要的灵活性结合起来，体现因地制宜和因事制宜的原则，更好地贯彻税收政策。减免税是直接通过减少国家收入，增加纳税人的经济利益来发挥对经济的调节作用，刺激生产经营的特殊手段。因此，它只适用于特定条件下的调节，必须严格控制，高度集中减免税权。减免税有以下三种形式。

（一）税基式减免

税基式减免是指通过缩小计税依据方式来实现税收减免。具体应用形式有设起征点、免征额，允许跨期结转等。

1.起征点

起征点，又称征税起点，是对征税对象征税的起点，即开始征税的最低收入数额界限。规定起征点是为了免除收入较少的纳税人的税收负担，缩小征税面，贯彻税收负担合理的税收政策。

起征点的主要特点是：当征税对象未达到起征点时，不用征税；当征税对象达到起征点时，对征税对象全额征税。例如，增值税中规定销售货物的起征点为月销售额在5 000～20 000元，各省、自治区和直辖市可以在幅度区间中选择具体的数额。

2.免征额

免征额，又称费用扣除额，是指在征税对象的全部数额中预先确定的免于征税的数额，即在确定计税依据时，允许从全部收入中扣除的费用限额。规定免征额是为了照顾纳税人的生活、教育等最低需要。

免征额的主要特点是：当征税对象低于免征额时，不征税；当征税对象高于免征额时，则从征税对象总额中减去免征额后，对余额部分征税。例如，个人所得税中的工资薪金所得的免征额为5 000元。

3.起征点和免征额的联系和区别

起征点和免征额既有相同点，又有区别。

（1）两者的相同点

① 两者均属于减免税范围。

② 一般都是针对于个体经营者或个人。

③ 当征税对象的额度小于起征点和免征额时，两者都不予以征税。

④ 两者都是针对征税对象而言，而不是针对税额而言。

（2）两者的不同点

① 当征税对象的额度大于起征点和免征额时，采用起征点制度的，要对征税对象的全部数额征税；采用免征额制度的，仅对征税对象超过免征额部分征税。

② 两者的侧重点不同，前者照顾的是低收入者，后者则是对所有纳税人的照顾。

【学中练·例1-1】假设个体经营者甲、乙、丙当月的收入分别是9 999元、10 000元和10 001元。

（1）如果规定起征点为10 000元，适用税率为10%，那么甲、乙、丙三人分别应缴纳多少税款？

（2）如果规定免征额为10 000元，适用税率为10%，那么甲、乙、丙三人分别应缴纳多少税款？

【解析】（1）10 000元为征税的起征点，那么，甲、乙、丙三人的纳税情况是：

甲的收入因为没有达到起征点而不纳税。

乙的收入正好达到起征点，应该全额计税，应纳税额=10 000×10%=1 000（元）

丙的收入已经超过起征点，也应该全额计税，应纳税额=10 001×10%=1 000.1（元）

（2）10 000元为免征额，甲、乙、丙三人的纳税情况是：

甲的收入均在免征额之内而不纳税。

乙的收入正好属于免征额的部分，也不需要纳税。

丙的收入比免征额的数额要多，则需要纳税，但应该是收入中扣除免征额部分的余额部分纳税，应纳税额=（10 001−10 000）×10%=0.1（元）

由上面的例子可以看出，同样的数额规定为起征点和规定为免征额，对收入在规定数额以下的人来说，似乎看不出有什么差别，但对于收入超过规定数额的纳税人而言，其影响就截然不同了。乙和丙在两种不同规定的情况下，所纳的税额均相差1 000元。

（二）税率式减免

税率式减免是指通过降低税率的方式来实现税收的减免。例如小微企业应缴纳的企业所得税减按20%。

（三）税额式减免

税额式减免是指通过直接减免税收的方式来实现税收减免，具体包括全额免征、减半征收、核定减征率、核定减征额等。

☞ 税思育人·税惠润心

扶助小型微利企业的税收优惠

自2023年1月1日至2027年12月31日，对小型微利企业减按25%计算应纳税所得额，按20%的税率缴纳企业所得税。

五、纳税环节

纳税环节是指税法规定的商品从生产到消费的流转过程中，应当缴纳税款的具体环节。商品从生产到消费要经过许多环节，在这诸多环节中，可以选定一个或几个环节缴纳税款。纳税环节的确定，关系到税款是否能够及时入库，关系到纳税人缴纳税款是否便利。

任何税种都要确定纳税环节，一般分为单环节和多环节课征。如对一种产品，在生产、批发、零售诸环节中，选择在生产环节征税，称为一次课征制；选择在两个流转环节征税，称为两次课征制；选择三个或三个以上流转环节征税，称为多次课征制。

六、纳税期限

纳税期限指税法规定的纳税人在纳税义务发生后向国家缴纳税款的期限。在税法中，对于每一种税的纳税期限都有明确规定，其目的在于保证国家能够及时、稳定和连续地取得税收收入。纳税期限的确定取决于税种或征税对象的性质、应纳税额的多少以及纳税的方便程度等因素。纳税人必须按税法规定的期限缴纳税款，否则将会受到法律的制裁。

纳税期限包含每隔多长时间缴纳一次税款和缴纳税款的具体时间两层意思。我国现行税收制度的纳税期限有三种形式：

（1）按期纳税。如流转税的纳税期限分为1日、3日、5日、10日、15日、1个月或者1个季度七种。以一个月或者1个季度为一期纳税的，自期满之日起15日内申报纳税；其余的自期满之日起5日内预缴税款，于次月1日起15日内申报纳税并结清上月税款。

（2）按次纳税。不能按照固定期限纳税的，可根据纳税行为的发生次数确定纳税期限。如车辆购置税、耕地占用税等。

（3）按年计征，分期预缴。按规定的期限预缴税款，年度终了后汇算清缴，多退少补。如企业所得税。

任务训练

一、单项选择题

1.在税制要素中，具体规定应当征税的项目，对征税对象具体化的是（　　）。

A.计税依据　　B.征税对象

C.税目　　D.纳税义务人

2.在税制要素中，能体现税制的中心环节的是（　　）。

A.计税依据　　B.征税对象

C.税率　　D.纳税义务人

3.对同一征税对象，无论其数额大小，都按照相同比例征税的税率是（　　）。

A.比例税率　　B.累进税率

C.定额税率　　D.幅度税率

4.企业所得税的税率形式是（　　）。

A.累进税率　　B.定额税率

C.比例税率　　D.其他税率

5. 如果某税种规定只就超过征税对象一定数额部分征税，该免予征税的数额称为（　　）。

A. 免征额　　B. 起征点

C. 减税额　　D. 抵免额

二、多项选择题

1. 构成税制三个基本要素的有（　　）。

A. 税目　　B. 纳税人

C. 税率　　D. 征税对象

2. 下列各项中，表述正确的有（　　）。

A. 税目是各个税种所规定的具体征税项目

B. 税率是衡量税负轻重的重要标志

C. 纳税人就是最终负担税款的单位或个人

D. 征税对象就是指对什么东西征税，是国家征税的标的物

3. 下列属于减免税的说法中正确的有（　　）。

A. 减税是对应纳税额减征一部分税款，免税是对应纳税额全部免征

B. 征税对象数额没有达到起征点的不征税，达到起征点的就其全部数额征税

C. 免征额部分不征税，只对超过免征额的部分征税

D. 征税对象数额没有达到起征点的不征税，达到起征点的就其超过部分征税

三、业务计算题

甲、乙、丙三人当月收入分别为19 999元、20 000元、20 001元。

（1）如果规定起征点为20 000元，税率为10%，那么甲、乙、丙应缴税额分别为多少？

（2）如果规定免征额为20 000元，税率为10%，那么甲、乙、丙应缴税额分别为多少？

参考答案

任务三　税收分类

任务概要

本任务主要介绍我国税收分类的具体内容。通过学习，要求理解各种税收分类依据的标准，重点掌握税收分类所包含的具体税种等内容。

【任务导入】

我国现有18个税种。就像一个班级的同学，性别不同，性格有异，家庭条件也不一样，可以从不同的角度进行分类管理和学习；同样，税种也可以从不同的角度进行分类并研究税种的结构和收入份额等。那么我国现行税种是怎样分类的呢？

任务准备

税收分类是对税种的分类。它是根据每个税种构成的基本要素和基本特征，按照一定的标准将税种分成若干个类别。

一、按征税对象分类

我国现行税制有18个税种，具体包括：增值税、消费税、关税、企业所得税、个人所得税、房产税、车船税、契税、资源税、城镇土地使用税、耕地占用税、土地增值税、印花税、车辆购置税、环境保护税、城市维护建设税、烟叶税和船舶吨税。

按征税对象的性质不同进行分类，是税收最基本、最重要的分类方法。我国的税种大致可以分为以下五类。

1.流转税类

流转税是对销售商品或提供劳务的流转额征收的一类税。流转额既包括商品的流转额，又包括非商品（劳务）的流转额，因此，流转税又称商品和劳务税。我国现行增值税、消费税、关税等都属于流转税类。

2.所得税类

所得税是对纳税人在一定时期内取得的所得额征收的一类税。所得额是纳税人实现的收入，减去成本、费用和法定允许扣除的其他各项支出后的余额。所得税具有调节纳税人收入、缩小纳税人之间收入差距的作用。我国现行企业所得税、个人所得税就属于这类税种。

3.资源税类

资源税是对开发和利用各种自然资源获取的收入征收的一类税。征收资源税的目的是保护和合理使用国家自然资源，调节因自然资源差异而形成的级差收入，以利于企业的公平竞争。我国现行资源税、城镇土地使用税、耕地占用税和土地增值税等属于这类税种。

4.财产税类

财产税是对纳税人所有或属其支配的财产数量或价值额征收的一类税。财产税的税额与财产的价值有一定的联系，有利于促使纳税人提高财产使用的经济效益和调节部分级差收入。我国现行房产税、车船税和契税等属于这类税种。

5.行为税类

行为税是对纳税人的某些特定行为征收的一类税。征收行为税是为了对某些特定行为进行限制、调节，使微观活动符合宏观经济的要求；同时，也是为了开辟财源，增加财政收入。我国现行车辆购置税、环境保护税、印花税等属于这类税种。

二、按税收管理和使用权限分类

按照税收管理和使用权限分类，我国的税种可分为中央税、地方税、中央与地方共享税。

（一）中央税

中央税是指税收收入归中央一级政府所有的税种，主要有消费税、车辆购置税、证券交易印花税、关税和进口环节的增值税与消费税。

（二）地方税

地方税是指税收收入归地方各级政府所有的税种，如城镇土地使用税、耕地占用税、房产税、土地增值税、契税等。

（三）中央和地方共享税

中央和地方共享税是指税收收入由中央和地方按一定的比例分成的税种。具体来说，中央和地方共享税包括以下税种：

（1）增值税（不含进口环节由海关代征的部分），中央分享50%，地方分享50%。

（2）企业所得税，中国铁路总公司（原铁道部）、各银行总行及海洋石油企业缴纳的部分归中央，其余部分中央分享60%，地方分享40%。

（3）个人所得税，中央分享60%，地方分享40%。

（4）资源税，按不同的资源品种划分，部分资源税作为地方收入，海洋石油资源税作为中央收入。

☞ 税思育人·税改振心

中国这十年｜我国税制改革

党的十八大以来的十年，我国财税改革与发展取得了巨大成就。期间，我国深入推进税制改革，取得一系列成效。

财政部门按照“税种科学、结构优化、法律健全、规范公平”的要求，不断深化税制改革、持续推进减税降费。

这十年，我国持续深化增值税改革。2012年实施“营改增”试点，2016年试点全面推开，2017年取消13%税率，将四档税率简并为三档税率，2018年、2019年连续降低增值税税率，同时扩大进项税抵扣范围，建立期末留抵退税制度。在基本建立现代增值税制度的同时，实现了所有行业税负“只减不增”，大幅降低纳税人的税收负担。

这十年，我国不断优化企业所得税制度，实施了覆盖创业投资、创新主体、研发活动等创新全链条的税收优惠政策，特别是不断加大研发费用加计扣除政策力度，着力培育经济发展新动能，支持企业创新发展。

这十年，我国实施了个人所得税改革，降低中低收入群体税收负担。提高个税起征点，明确综合所得征税范围，设立专项附加扣除项目，优化调整税率结构，初步建立了综合与分类相结合的个人所得税制度。

这十年，我国完善消费税制度，推进资源环境税制改革，健全地方税体系，不断完善现代税收体系。

三、按税收与价格的关系分类

按税收与价格的关系分类，我国的税种可分为价内税和价外税。

（一）价内税

如果税金是价格的组成部分，其价格组成=成本+利润+税金，称之为价内税。国家可以通过价内税来影响商品和劳务的价格，从而调节生产和消费。

（二）价外税

如果税金是价格之外的附加额，其价格组成=成本+利润，称之为价外税。价外税与企业的成本利润、价格没有直接联系，能更好地反映企业的经营成果，不会因国家征税影响企业的公平竞争，更符合市场经济的要求。

四、按计税标准分类

按计税标准分类，我国的税种可分为从价税、从量税和复合税。

（一）从价税

从价税是以征税对象的价值量为计税依据征收的税种，税额的多少随着价格的变动而增减，如增值税、关税等。

（二）从量税

从量税是以征税对象的重量、数量、面积、体积、容积等自然实物量或复合计量单位为计税依据的税种，如城镇土地使用税、车船税等。

（三）复合税

复合税是对征税对象采取从价和从量相结合的复合计税的方法征收的税种，如对卷烟、白酒征收的消费税等。

五、按税负是否转嫁为标准分类

（一）直接税

直接税是指由纳税人直接负担，不易转嫁的税种，如所得税、财产税等。

（二）间接税

间接税是指纳税人能将税负转嫁他人的税种，如增值税、消费税、关税等。

线上拓税

百年党史·税收篇丨坚守初心 税收为民

任务训练

一、单项选择题

1. 下列各项税收中，属于中央税的是（　　）。

A. 增值税　　B. 消费税

C. 房产税　　D. 企业所得税

2. 下列各项中，属于地方税的是（　　）。

A. 增值税　　B. 房产税

C. 企业所得税　　D. 消费税

3. 下列各项税收中，属于行为税类的是（　　）。

A. 增值税　　B. 消费税

C. 企业所得税　　D. 印花税

4. 下列各项中，属于按征税对象分类的是（　　）。

A. 价外税　　B. 流转税

C. 中央税　　D. 从价税

5. 从税收分类角度看，下列说法中正确的是（　　）。

A. 增值税是流转税、价外税、共享税

B. 消费税是流转税、价内税、共享税

C. 企业所得税是所得税、从价税、地方税

D. 房产税是资源税、从量税、共享税

二、多项选择题

1. 下列税种中，属于流转税类的税种有（　　）。

A. 增值税　　B. 消费税

C. 资源税　　D. 关税

2. 下列关于税收分类的说法中正确的有（　　）。

A. 流转税类中有增值税、消费税和印花税

B. 土地增值税属于资源税类

C. 对卷烟、白酒征收的消费税属于复合税

D. 房产税属于财产税类

3. 下列各项中，纳税人与负担税款的单位和个人不一致的税种有（　　）。

A. 消费税　　B. 增值税

C. 企业所得税　　D. 个人所得税

参考答案

项目二　流转税制

知识目标

1. 理解增值税、消费税和关税的概念及特征。
2. 掌握增值税、消费税和关税的基本法律规定。
3. 掌握增值税、消费税和关税应纳税额的计算。

能力目标

1. 能够正确判断增值税、关税的征税范围和适用税率。
2. 能够正确判断消费税的纳税环节和适用税目。
3. 能够根据业务资料计算应纳增值税、消费税和关税。

素养目标

1. 培养求真务实、精益求精的职业精神。
2. 培养税法遵从意识和制度自信意识。
3. 培养理性消费和健康消费的理念。

任务一　增值税

任务概要

本任务主要介绍增值税的基本要素和税额计算。通过学习，要求理解增值税的基本含义，重点掌握增值税的基本法律规定以及应纳税额的计算方法等内容。

【任务导入】

增值税的兴起堪称税收史上一绝。没有别的任何税种能像增值税那样，在短短30年左右的时间里，从实践到理论横扫世界，使许多原先对其持怀疑态度的学者们回心转意，令不少本来将其拒之门外的国家改弦更张。可以把增值税比喻为世界的马哈利特，多少人被其吸引、倾倒，到终了谁也挡不住“她”的诱惑。这是为什么呢?

任务准备

一、增值税的概念及特征

（一）增值税的概念

增值税是对在中国境内销售货物、服务、无形资产或不动产以及进口货物的单位和个人取得的增值额为征税对象征收的一种税。简单地说，增值税就是对增值额的征税。

增值额可以从两个方面理解：从一个生产单位来看，增值额相当于该单位商品销售（或劳务）收入额扣除外购的原材料、燃料动力、包装物、低值易耗品和固定资产等非增值项目金额后的余额；从一个商业企业来看，就是商品的售价减去进价，即商品的毛利或差价。所以增值税也称毛利税。

（二）增值税的特征

1.避免重复征税

税收负担不受生产经营环节多少和生产经营结构的影响。它只就销售额中的增值额部分征税，对销售额中已征过税的部分不再征税，从而有效地避免了重复征税。

2.实行价外税

将税款和价款明确分开，更鲜明地体现了增值税的转嫁性质，明确企业只是税款的缴纳者，消费者才是税款的最终负担者，增强国家和企业之间分配关系的透明度。

3.经营规模不同，征收计算方法不同

增值税纳税人分为两大类：一类是一般纳税人，采用一般计税办法计税；另一类是小规模纳税人，采用简易计税办法征收。这有利于增值税制度的推行和简化征税，强化征管。

二、增值税的基本要素

（一）纳税人

在中国境内销售货物、服务、无形资产或不动产以及进口货物的单位和个人，为增值税的纳税人。

“单位”，是指企业、行政单位、事业单位、军事单位、社会团体及其他单位。

“个人”，是指个体工商户和其他个人。

单位以承包、承租、挂靠方式经营的，承包人、承租人、挂靠人（以下统称承包人）以发包人、出租人、被挂靠人（以下统称发包人）名义对外经营并由发包人承担相关法律责任的，以该发包人为纳税人，否则，以承包人为纳税人。

中国境外单位或个人在中国境内销售服务、无形资产或不动产而在中国境内未设有经营机构的，其应纳税款以代理人为扣缴义务人；没有代理人的，以购买者或接受方为扣缴义务人。

增值税的纳税人按其生产经营规模的大小和会计核算是否健全的标准，可以分为小规模纳税人和一般纳税人。

1.小规模纳税人

小规模纳税人是指年应纳税销售额在规定标准以下，并且会计核算不健全，不能按规定报送有关税务资料的增值税纳税人。

自2018年5月1日起，增值税小规模纳税人标准为年应税销售额500万元及以下。

年应税销售额是指纳税人在连续不超过12个月的经营期内累计应缴增值税销售额，包括纳税申报销售额、稽查查补销售额、纳税评估调整销售额、税务机关代开发票销售额和免税销售额。

年应税销售额超过小规模纳税人标准的其他个人按小规模纳税人纳税；非企业性单位、不经常发生应税行为的企业可选择按小规模纳税人纳税。

2.一般纳税人

一般纳税人是指年应税销售额超过小规模纳税人标准的增值税纳税人。

小规模纳税人会计核算健全，能够提供准确税务资料的，可以向主管税务机关申请资格登记。所谓会计核算健全，是指能够按照国家统一的会计制度规定设置账簿，根据合法、有效凭证核算。

符合一般纳税人条件的纳税人应当向主管税务机关办理一般纳税人资格登记。

除国家税务总局另有规定外，纳税人一经登记为一般纳税人后，不得转为小规模纳税人。

【学中思】年应税销售额未超过500万元的小规模纳税人，可以进行一般纳税人资格登记吗？需要具备什么条件？

【学中练·例2-1】根据增值税法律制度的规定，下列纳税人应按小规模纳税人征税的是（　　）。

A. 年应税销售额达到650万元的某商场

B. 年应税销售额达到300万元，并且会计核算健全的某公司

C. 年应税销售额达到600万元的个人张某

D. 年应税服务额达到800万元的某运输公司

【解析】本题考查的是纳税人的划分。年应税销售额超过小规模纳税人标准的其他个人按小规模纳税人纳税，答案为C。

（二）征税范围

凡在中国境内销售货物、服务、无形资产或不动产以及进口货物，均属于增值税的征税范围，具体包括：

1.销售货物

销售货物是指有偿转让货物的所有权。货物是指有形动产，包括电力、热力、气体等。

2.提供加工、修理修配劳务

提供加工、修理修配劳务，又称销售应税劳务，是指在中国境内有偿提供加工修理修配劳务。加工是指受托加工货物，即由委托方提供原料及主要材料，受托方按照委托方的要求制造货物并收取加工费的业务。修理修配是指受托对损伤和丧失功能的货物进行修复，使其恢复原状和功能的业务。但是，单位或个体工商户聘用的员工为本单位或

雇主提供加工修理修配劳务，不包括在内。

3.销售服务

销售服务是指提供交通运输服务、邮政服务、电信服务、建筑服务、金融服务、现代服务、生活服务。具体内容如下：

（1）交通运输服务包括陆路运输服务、水路运输服务、航空运输服务和管道运输服务。

（2）邮政服务包括邮政普遍服务、邮政特殊服务和其他邮政服务。

（3）电信服务包括基础电信服务和增值电信服务。

（4）建筑服务包括工程服务、安装服务、修缮服务、装饰服务和其他建筑服务。

（5）金融服务包括贷款服务、直接收费金融服务、保险服务和金融商品转让。

（6）现代服务包括研发和技术服务、信息技术服务、文化创意服务、物流辅助服务、租赁服务、鉴证咨询服务、广播影视服务、商务辅助服务和其他现代服务。

① 研发和技术服务包括研发服务、合同能源管理服务、工程勘察勘探服务、专业技术服务。

② 信息技术服务包括软件服务、电路设计及测试服务、信息系统服务、业务流程管理服务和信息系统增值服务。

③ 文化创意服务包括设计服务、知识产权服务、广告服务和会议展览服务。

④ 物流辅助服务包括航空服务、港口码头服务、货运客运场站服务、打捞救助服务、装卸搬运服务、仓储服务和收派服务。

⑤ 租赁服务包括融资租赁服务和经营租赁服务。

⑥ 鉴证咨询服务包括认证服务、鉴证服务和咨询服务。

⑦ 广播影视服务包括广播影视节目（作品）的制作服务、发行服务和播映（含放映）服务。

⑧ 商务辅助服务包括企业管理服务、经纪代理服务、人力资源服务、安全保护服务。

⑨ 其他现代服务是指除研发和技术服务、信息技术服务、文化创意服务、物流辅助服务、租赁服务、鉴证咨询服务、广播影视服务和商务辅助服务以外的现代服务。

（7）生活服务包括文化体育服务、教育医疗服务、旅游娱乐服务、餐饮住宿服务、居民日常服务和其他生活服务。

① 文化体育服务包括文化服务和体育服务。

② 教育医疗服务包括教育服务和医疗服务。

③ 旅游娱乐服务包括旅游服务和娱乐服务。

④ 餐饮住宿服务包括餐饮服务和住宿服务。

⑤ 居民日常服务包括市容市政管理、家政、婚庆、养老、殡葬、照料和护理、救助救济、美容美发、按摩、桑拿、氧吧、足疗、沐浴、洗染、摄影扩印等服务。

⑥ 其他生活服务。

以上服务不包括：

（1）单位或者个体工商户聘用的员工为本单位或者雇主提供取得工资的服务。

（2）单位或者个体工商户为聘用的员工提供服务。

4.销售无形资产

销售无形资产是指有偿转让无形资产，是转让无形资产所有权或者使用权的活动。无形资产包括技术、商标、著作权、商誉、自然资源使用权和其他权益性无形资产。

（1）技术包括专利技术和非专利技术。

（2）自然资源使用权包括土地使用权、海域使用权、探矿权、采矿权、取水权和其他自然资源使用权。

（3）其他权益性无形资产包括基础设施资产经营权、公共事业特许权、配额、经营权（包括特许经营权、连锁经营权、其他经营权）、经销权、分销权、代理权、会员权、席位权、网络游戏虚拟道具、域名、名称权、肖像权、冠名权、转会费等。

5.销售不动产

销售不动产是指有偿转让不动产，是转让不动产所有权的活动。不动产包括建筑物、构筑物等。

（1）建筑物包括住宅、商业营业用房、办公楼等。

（2）构筑物包括道路、桥梁、隧道、水坝等建造物。

单位或个人销售货物、服务、无形资产或不动产，不论从对方取得的是货币，还是货物或其他经济利益，均应视为有偿转让货物、服务、无形资产或不动产的销售行为。

在中国境内销售货物或者提供加工修理修配劳务，是指销售货物的起运地或者所在地在境内，提供的应税劳务发生在境内。

在境内销售服务、无形资产或不动产，是指服务（租赁不动产除外）或者无形资产（自然资源使用权除外）的销售方或者购买方在境内。

6.进口货物

进口货物是指申报进入中国关境内的货物，除依法征收关税外，还征收增值税。

7.视同销售行为

视同销售行为，就是将不属于销售范围或尚未实现销售的货物、服务、无形资产或不动产当作销售行为，征收增值税。单位或个体工商户的下列行为，应作为视同销售行为：

（1）将货物交付其他单位或个人代销。

（2）销售代销货物。

（3）设有两个以上机构并实行统一核算的纳税人，将货物从一个机构移送其他机构用于销售，但相关机构设在同一县（市）的除外。

（4）将自产、委托加工的货物用于集体福利或个人消费。

（5）将自产、委托加工或购买的货物作为投资，提供给其他单位或个体工商户。

（6）将自产、委托加工或购买的货物分配给股东或投资者。

（7）将自产、委托加工或购买的货物无偿赠送给其他单位或个人。

（8）单位或个体工商户向其他单位或个人无偿提供服务，但用于公益事业或以社会公众为对象的除外。

（9）单位或个人向其他单位或个人无偿转让无形资产或不动产，但用于公益事业或以社会公众为对象的除外。

【学中思】视同销售行为规定得很全面，制定此政策的目的是什么？

8.不征收增值税项目

（1）根据国家指令无偿提供的铁路运输服务、航空运输服务。

（2）存款利息。

（3）被保险人获得的保险赔付。

（4）房地产主管部门或者其指定机构、公积金管理中心、开发企业以及物业管理单位代收的住宅专项维修资金。

（5）在资产重组过程中，通过合并、分立、出售、置换等方式，将全部或者部分实物资产以及与其相关联的债权、负债和劳动力一并转让给其他单位或个人，其中涉及的不动产、土地使用权转让行为。

（三）税率和征收率

1.税率

（1）基本税率

基本税率为13%，适用于纳税人销售或者进口货物（适用9%的低税率货物除外），提供加工、修理修配劳务，以及有形动产租赁服务。

（2）低税率

低税率分为以下两档：

① 适用9%低税率的具体范围：

农产品（含粮食）、食用植物油；自来水、暖气、冷气、热水、煤气、石油液化气、天然气、沼气、二甲醚、居民用煤炭制品、食用盐；图书、报纸、杂志、音像制品、电子出版物；饲料、化肥、农药、农机、农膜；提供交通运输服务、邮政服务、基础电信服务、建筑服务、不动产租赁服务；销售不动产、转让土地使用权。

②适用6%低税率的具体范围：

销售增值电信服务、金融服务、现代服务和生活服务；销售无形资产（除转让土地使用权外）。

（3）零税率

纳税人出口货物，适用零税率，财政部和国家税务总局另有规定的除外。

境内单位和个人跨境销售国务院规定范围内的服务、无形资产，也适用零税率，具体范围由财政部和国家税务总局另行规定。

2.征收率

小规模纳税人和实行简易计税办法的一般纳税人，增值税的征收率为3%。

为进一步支持小微企业和个体工商户发展，小规模纳税人适用3%征收率的应税销售收入，减按1%征收率征收增值税。本规定执行至2027年12月31日。

2027年12月31日前，从事二手车经销的纳税人销售其收购的二手车，按照简易办法依3%征收率减按0.5%征收增值税。

纳税人销售旧货，按照简易办法依照3%的征收率减按2%征收增值税。

小规模纳税人销售（不含个体工商户销售购买的住房和其他个人销售不动产）或出租（不含个人出租住房）不动产，按照简易办法依照5%的征收率征收增值税。

3.混合销售

如果一项销售行为既涉及货物又涉及服务，即为混合销售。从事货物的生产、批发、零售的单位或个体工商户的混合销售，按照销售货物缴纳增值税；其他单位和个体工商户的混合销售，按照销售服务缴纳增值税。

上述从事货物的生产、批发、零售的单位或个体工商户，包括以从事货物的生产、批发、零售为主，并兼营销售服务的单位或个体工商户在内。

纳税人销售活动板房、机器设备、钢结构件等自产货物的同时提供建筑、安装服务，应分别核算货物和建筑服务的销售额，分别适用不同的税率或者征收率。

4.兼营

纳税人销售货物、服务、无形资产或者不动产适用不同税率或者征收率的，应当分别核算适用不同税率或者征收率的销售额，未分别核算销售额的，按照以下方法适用税率或者征收率：

（1）兼有不同税率的销售货物，提供加工、修理修配劳务，销售服务、无形资产或者不动产，从高适用税率；

（2）兼有不同征收率的销售货物，提供加工、修理修配劳务，销售服务、无形资产或者不动产，从高适用征收率；

（3）兼有不同税率和征收率的销售货物，提供加工、修理修配劳务，销售服务、无形资产或者不动产，从高适用税率。

【学中思】某汽车制造厂生产、销售小汽车，并兼营小汽车出租，是以上所说的“兼营行为”吗？如果能够分开核算，其应适用的税率各是多少？

【学中练·例2-2】下列混合销售行为中，应按照销售服务征收增值税的是（　　）。

A. KTV歌厅提供唱歌服务，并销售酒水

B. 商店销售晾衣架，并实行有偿安装

C. 商场销售化肥，并实行有偿送货上门

D. 超市销售计算机，并实行有偿升级服务

【解析】本题考查的是混合销售行为的判断。从事货物的生产、批发、零售的单位或个体工商户的混合销售，按照销售货物缴纳增值税；其他单位和个体工商户的混合销售，按照销售服务缴纳增值税。答案为A。

三、增值税的计算

（一）一般纳税人应纳税额的计算

1.销项税额的计算

销项税额是指纳税人销售货物、服务、无形资产或不动产，按照销售额和适用税率计算并向购买方收取的增值税税额。其计算公式为：

销项税额=销售额×税率

（1）计税销售额的基本规定

销售额是指纳税人销售货物、服务、无形资产或不动产向购买方收取的全部价款和价外费用。需要注意的是，增值税是价外税，销售额必须是不含销项税额的销售额。

价外费用是指价外向购买方收取的手续费、补贴、基金、集资费、返还利润、奖励费、违约金、滞纳金、延期付款利息、赔偿金、代收款项、代垫款项、包装费、包装物租金、储备费、优质费、运输装卸费以及其他各种性质的价外收费。但下列项目不包括在内：

① 受托加工应征消费税的消费品所代收代缴的消费税。

② 符合以下条件的代垫运输费用：一是承运部门的运输费用发票开具给购买方的；二是纳税人将该项发票转交给购买方的。

③ 代为收取的符合下列条件的政府性基金或者行政事业性收费：一是由国务院或者财政部批准设立的政府性基金，由国务院或者省级人民政府及其财政、价格主管部门批准设立的行政事业性收费；二是收取时开具省级以上财政部门印制的财政票据；三是所收款项全额上缴财政。

④ 销售货物的同时代办保险等而向购买方收取的保险费，以及向购买方收取的代购买方缴纳的车辆购置税、车辆牌照费。

凡价外费用，无论其会计制度如何核算，均应并入销售额计算应纳税额。

【学中思】计税销售额包含哪些项目？不包含哪些项目？

（2）计税销售额的特殊规定

①纳税人为销售货物出租、出借包装物而收取的押金，单独记账核算的，不并入销售额；但是对逾期未收回的包装物不再退还的押金，应并入销售额征税。需要说明的是，酒类产品收取的包装物押金，除销售啤酒、黄酒外，无论是否返还以及会计制度如何核算，均应并入当期销售额征税。

②纳税人采取折扣方式销售货物、服务、无形资产或不动产，如果将折扣额另开发票的，不论财务上如何处理，均不得从销售额中扣除折扣额。采取销售折扣（又称现金折扣）方式销售的，不得从销售额中扣减销售折扣，即应按销售额全额征税。

【学中思】你在逛商场时，发现商家有哪些打折方式？

③采取以旧换新方式销售货物的，应按新货物的同期销售价格确定销售额，不得冲减旧货物的收购价格。但对金银首饰以旧换新业务，按销售方实际收取的不含增值税的全部价款征税。

④纳税人销售货物、服务、无形资产或不动产的价格明显偏低或者偏高，且不具有合理商业目的的，或者视同销售行为而无销售额的，由主管税务机关核定其销售额。税务机关可按下列顺序确定销售额：

一是按纳税人最近时期销售同类货物、服务、无形资产或不动产的平均价格确定；

二是按其他纳税人最近时期销售同类货物、服务、无形资产或不动产的平均价格确定；

三是按组成计税价格确定。其计算公式为：

组成计税价格=成本×（1+成本利润率）

如销售的货物属于征收消费税的范围，其组成计税价格还应加上消费税税额。其计算公式为：

组成计税价格=成本×（1+成本利润率）+消费税税额

上述公式中，“成本”分为三种情况：一是销售自产货物的，为实际生产成本；二是销售外购货物的，为实际采购成本；三是销售服务、无形资产、不动产的，为实际发生成本。

一般货物的“成本利润率”根据规定统一为10%，但属于从价定率征收消费税的货物，以及销售服务、无形资产或不动产的成本利润率由国家税务总局确定。

⑤房地产开发企业销售其开发的房地产项目，以取得的全部价款和价外费用，扣除受让土地时向政府部门支付的土地价款以及向其他单位或个人支付的拆迁补偿费用后的余额为销售额。

⑥含税销售额的换算。通常销售额是不含销项税额的。但是，在销售货物、服务、无形资产或不动产时，常采用合并定价的方法。这样，在计税时就需要将含税销售额换算为不含税销售额。其计算公式为：

不含税销售额=含税销售额÷（1+适用税率或征收率）

【学中练·例2-3】甜心糖果厂是增值税一般纳税人，税率为13%，2023年11月发生下列业务：

（1）向大型超市批发销售糖果，不含税销售额为820 000元，开出增值税专用发票。

（2）向个体工商户销售糖果，取得含税销售额为50 850元。

（3）新研制一批无糖点心赠送给敬老院，该批产品还未投放市场，没有同类产品销售价格，成本价为30 000元。

要求：计算该厂11月的销项税额。

【解析】（1）向大型超市批发销售糖果：

销项税额=820 000×13%=106 600（元）

（2）向个体工商户销售糖果：

销项税额=50 850÷（1+13%）×13%=5 850（元）

（3）新研制一批无糖点心赠送给敬老院：

销项税额=30 000×（1+10%）×13%=4 290（元）

（4）该厂11月的销项税额：

销项税额=106 600+5 850+4 290=116 740（元）

2.进项税额的计算

进项税额是指纳税人购进货物、服务、无形资产或不动产所支付或负担的增值税税额。

（1）准予从销项税额中抵扣的进项税额

①从销售方取得的增值税专用发票（包括机动车销售统一发票）上注明的增值税税额。增值税专用发票如图2-1所示。

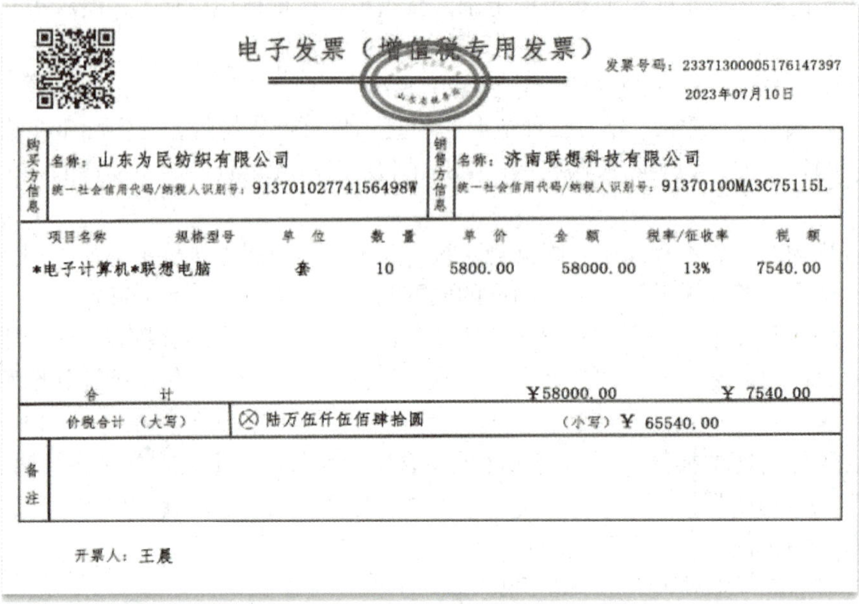
电子发票（增值税专用发票）

发票号码：23371300005176147397

2023年07月10日

购买方信息	名称：山东为民纺织有限公司 统一社会信用代码/纳税人识别号：913701027741564 98W	销售方信息	名称：济南联想科技有限公司 统一社会信用代码/纳税人识别号：91370100MA3C75115L

项目名称	规格型号	单位	数量	单价	金额	税率/征收率	税额
*电子计算机*联想电脑		套	10	5800.00	58000.00	13%	7540.00
合计					¥58000.00		¥7540.00
价税合计（大写）	⊗陆万伍仟伍佰肆拾圆				（小写）¥65540.00		
备注							

开票人：王晨

图2-1　增值税专用发票

②从海关取得的海关进口增值税专用缴款书上注明的增值税税额。海关进口增值税专用缴款书如图2-2所示。

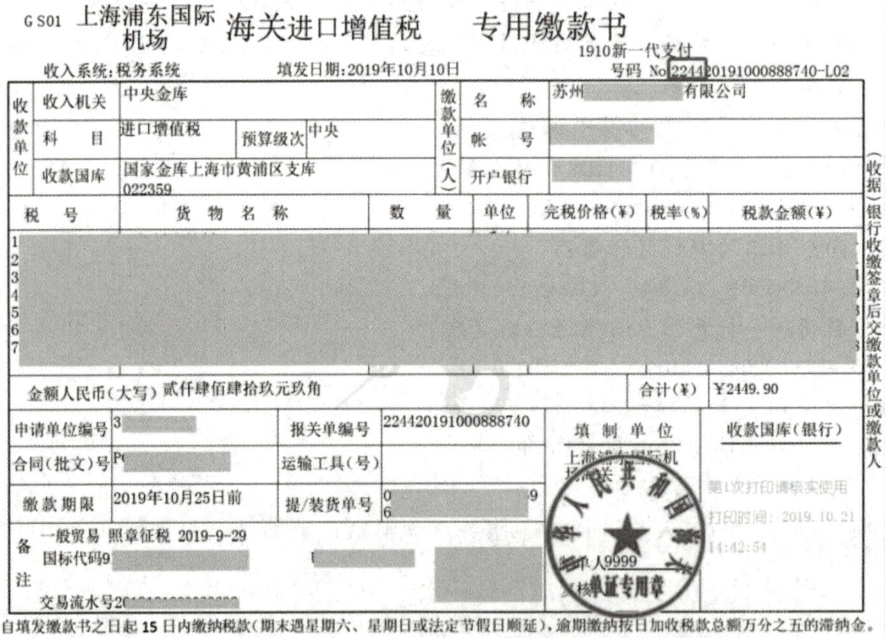
GS01　上海浦东国际机场　海关进口增值税　专用缴款书

收入系统：税务系统　填发日期：2019年10月10日　1910新一代支付　号码No 224420191000888740-L02

收款单位	收入机关	中央金库		缴款单位（人）	名称	苏州[redacted]有限公司
	科目	进口增值税	预算级次 中央		帐号	[redacted]
	收款国库	国家金库上海市黄浦区支库 022359			开户银行	[redacted]

税号	货物名称	数量	单位	完税价格（¥）	税率（%）	税款金额（¥）
1–7 [redacted]						
金额人民币（大写）贰仟肆佰肆拾玖元玖角				合计（¥）		¥2449.90

申请单位编号	3[redacted]	报关单编号	224420191000888740	填制单位	收款国库（银行）
合同（批文）号	P[redacted]	运输工具（号）		上海浦东国际机场海关	第1次打印请核实使用
缴款期限	2019年10月25日前	提/装货单号	[redacted]		打印时间：2019.10.21 14:42:54
备注	一般贸易 照章征税 2019-9-29 国标代码9[redacted] 交易流水号2[redacted]			制单人9999 复核人 单证专用章	

（收据）银行收缴签章后交缴款单位或缴款人

自填发缴款书之日起15日内缴纳税款（期末遇星期六、星期日或法定节假日顺延），逾期缴纳按日加收税款总额万分之五的滞纳金。

图2-2　海关进口增值税专用缴款书

③纳税人购进农产品，取得一般纳税人开具的增值税专用发票或海关进口增值税专用缴款书的，以增值税专用发票或海关进口增值税专用缴款书上注明的增值税税额为进项税额；从按照简易计税方法依照3%征收率计算缴纳增值税的小规模纳税人取得增值税专用发票的，以增值税专用发票上注明的金额和9%的扣除率计算进项税额；取得（开具）农产品销售发票或收购发票的，以农产品销售发票或收购发票上注明的农产品买价和9%的扣除率计算进项税额。其计算公式为：

进项税额=买价×扣除率

购买农产品的买价，包括纳税人购进农产品在农产品收购发票或者销售发票上注明的价款和按规定缴纳的烟叶税。

（农产品）增值税普通发票如图2-3所示：

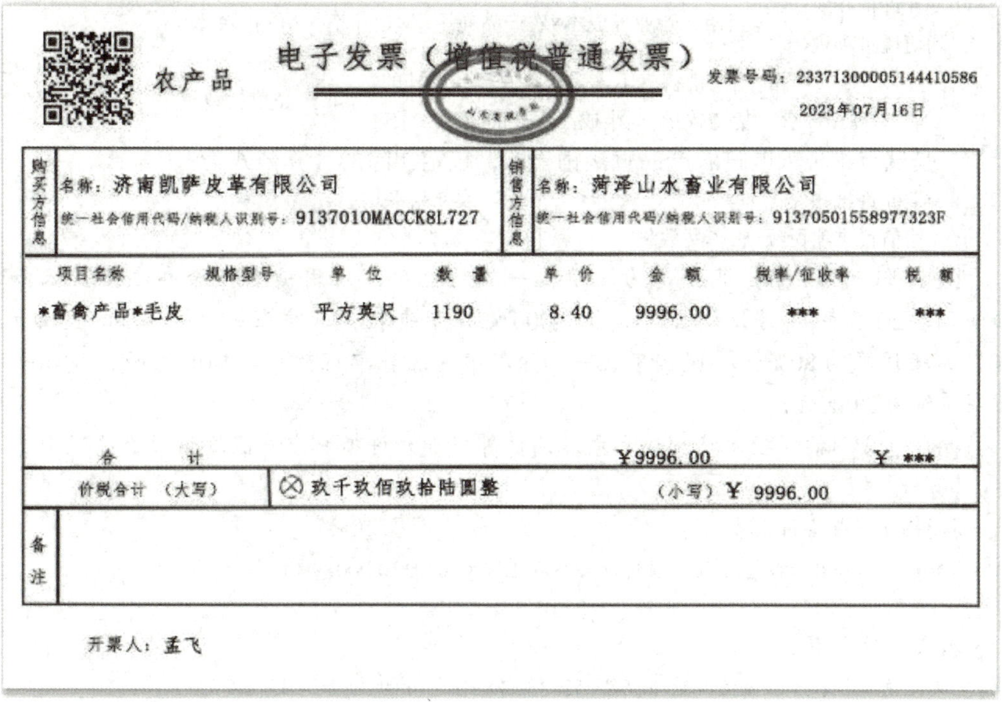

农产品　电子发票（增值税普通发票）

发票号码：23371300005144410586

2023年07月16日

购买方信息	名称：济南凯萨皮革有限公司 统一社会信用代码/纳税人识别号：9137010MACCK8L727	销售方信息	名称：菏泽山水畜业有限公司 统一社会信用代码/纳税人识别号：91370501558977323F

项目名称	规格型号	单位	数量	单价	金额	税率/征收率	税额
*畜禽产品*毛皮		平方英尺	1190	8.40	9996.00	***	***
合计					¥9996.00		¥***
价税合计（大写）	⊗玖仟玖佰玖拾陆圆整				（小写）¥9996.00		
备注							

开票人：孟飞

图2-3　（农产品）增值税普通发票

☞ 税思育人·税规律心

烟叶税

烟叶税是向收购烟叶产品的单位征收的一种税。烟叶税实行比例税率，税率为20%。应纳税额的计算公式为：

应纳税额=收购烟叶实际支付的价款总额×税率

纳税人收购烟叶实际支付的价款总额包括纳税人支付给烟叶生产销售单位和个人的烟叶收购价款和价外补贴。其中，价外补贴统一按烟叶收购价款的10%计算。

纳税人收购烟叶，应当向烟叶收购地的主管税务机关申报纳税。

纳税人购进用于生产或者委托加工适用13%税率货物的农产品，按照10%的扣除率计算进项税额。

为加强农产品增值税进项税额抵扣管理，经国务院批准，对财政部和国家税务总局纳入试点范围的增值税一般纳税人购进农产品增值税进项税额，实施核定扣除办法。分为两种情况：

一是试点纳税人以购进农产品为原料生产货物的，农产品增值税进项税额核定方法主要有投入产出法和成本法。

投入产出法的计算公式为：

当期允许抵扣农产品增值税进项税额=当期农产品耗用数量×农产品平均购买单价×扣除率÷（1+扣除率）

成本法的计算公式为：

当期允许抵扣农产品增值税进项税额=当期主营业务成本×农产品耗用率×扣除率÷（1+扣除率）

其中，当期农产品耗用数量=当期销售货物数量（不含采购除农产品以外的半成品生产的货物数量）×农产品单耗数量

二是试点纳税人购进农产品直接销售的，核定扣除的计算公式为：

当期允许抵扣农产品增值税进项税额=当期销售农产品数量÷（1−损耗率）×农产品平均购买单价×扣除率÷（1+扣除率）

【学中练·例2-4】某公司为增值税一般纳税人，采用核定扣除办法计算抵扣进项税额。2023年11月，该公司销售2 000吨脱脂牛乳，其主营业务成本为520万元，农产品耗用率为80%，按照国家统一扣除标准，原乳单耗数量为1.06元/吨，原乳平均购买单价为2 000元/吨。

要求：分别按照投入产出法和成本法计算当期允许抵扣农产品增值税进项税额。

【解析】

按投入产出法计算如下：

当期允许抵扣农产品增值税进项税额=2 000×1.06×2 000÷10 000×9%÷（1+9%）

=35.01（万元）

按成本法计算如下：

当期允许抵扣农产品增值税进项税额=520×80%×9%÷（1+9%）=34.35（万元）

④纳税人购进国内旅客运输服务，其进项税额允许从销项税额中抵扣。纳税人未取得增值税专用发票的，暂按照以下规定确定进项税额：

一是取得增值税电子普通发票的，为发票上注明的税额。

二是取得注明旅客身份信息的航空运输电子客票行程单的，为按照下列公式计算的进项税额：

航空旅客运输的进项税额=（票价+燃油附加费）÷（1+9%）×9%

航空运输电子客票行程单，如图2-4所示。

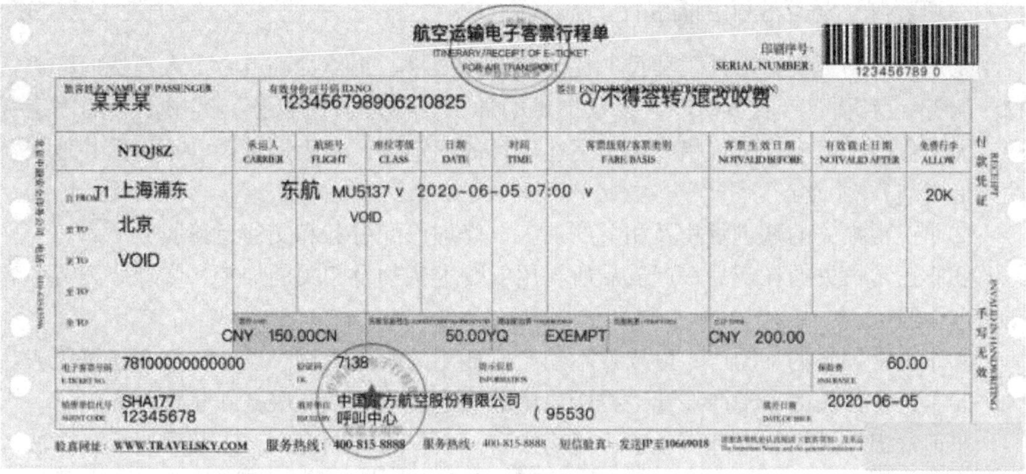

图 2-4　航空运输电子客票行程单

三是取得注明旅客身份信息的铁路车票的，为按照下列公式计算的进项税额：

铁路旅客运输的进项税额=票面金额÷（1+9%）×9%

铁路车票如图 2-5 所示。

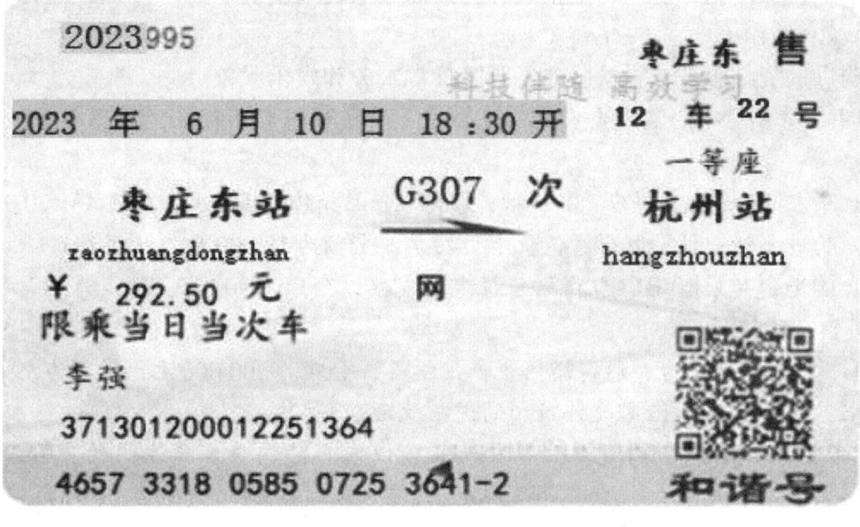

图 2-5　铁路车票

四是取得注明旅客身份信息的公路、水路等其他客票的，为按照下列公式计算的进项税额：

公路、水路等其他旅客运输的进项税额=票面金额÷（1+3%）×3%

⑤纳税人取得的收费公路通行费增值税电子普通发票注明的增值税税额。

⑥从境外单位或个人购进服务、无形资产或者不动产，自税务机关或扣缴义务人取得的解缴税款的完税凭证上注明的增值税税额，同时应具备书面合同、付款证明和境外单位的对账单或发票，资料不全的，其进项税额不得从销项税额中抵扣。

【学中思】以上在进项税额抵扣时，扣税凭证包括哪些？

（2）不得从销项税额中抵扣的进项税额

①用于简易计税方法计税项目、免征增值税项目、集体福利或者个人消费的购进货物、服务、无形资产或不动产，以及提供的加工、修理修配劳务。其中涉及的固定资产、无形资产、不动产，仅指专用于上述项目的固定资产、无形资产（不包括其他权益性无形资产）、不动产。

②非正常损失的购进货物及相关的加工、修理修配劳务和交通运输服务。

③非正常损失的在产品、产成品所耗用的购进货物及相关的加工、修理修配劳务和交通运输服务。

④非正常损失的不动产，以及该不动产所耗用的购进货物、设计服务和建筑服务。

⑤非正常损失的不动产在建工程所耗用的购进货物、设计服务和建筑服务。

非正常损失是指因管理不善造成货物被盗、丢失、霉烂变质，以及因违反法律法规造成货物或者不动产被依法没收、销毁、拆除的情形。

已抵扣进项税额的购进货物、劳务、服务，发生转移用途后用于集体福利或者个人消费，或者发生非正常损失的，应当将相应的进项税额从当期进项税额中扣减；无法确定该进项税额的，按照当期实际成本计算应扣减的进项税额。

一般纳税人因销售折让、中止或者退回而收回的增值税税额，应当从当期的进项税额中扣减。

⑥购进的贷款服务、餐饮服务、居民日常服务和娱乐服务。

【学中练·例2–5】临海市农贸有限公司是增值税一般纳税人，2023年12月发生下列业务：

（1）从农场购进大豆等农产品一批，取得农产品销售普通发票，金额共计70 000元。

（2）购进味精一批，取得增值税专用发票，金额为18 000元，税额为2 340元。

（3）购进食品袋10箱，取得增值税专用发票，金额为900元，税额为117元，其中有5箱用于发放福利。

（4）购进空调机6台，取得增值税专用发票，金额为300 000元，税额为39 000元。

要求：计算该公司12月允许抵扣的进项税额。

【解析】（1）从农场购进大豆等农产品，以农产品销售发票注明的买价计算进项税额。

允许抵扣的进项税额=70 000×9%=6 300（元）

（2）购进味精：

允许抵扣的进项税额=2 340（元）

（3）购进食品袋：

用于发放福利的食品袋不得抵扣进项税额。

允许抵扣的进项税额=117÷2=58.5（元）

（4）购进空调机：

允许抵扣的进项税额=39 000（元）

（5）该公司12月允许抵扣的进项税额：

允许抵扣的进项税额=6 300+2 340+58.5+39 000=47 698.5（元）

3.应纳税额的计算

现行增值税采用购进扣税法，一般纳税人销售货物、服务、无形资产或不动产的应纳税额为当期销项税额抵扣当期进项税额后的余额。

应纳税额=当期销项税额-当期进项税额

当期销项税额小于当期进项税额不足抵扣时，其不足部分可以结转下期继续抵扣，符合条件的纳税人实行留抵退税。

【学中练·例2-6】大地广告公司是增值税一般纳税人，税率为6%，2023年11月发生下列业务：

（1）购进广告标牌制作用材料，取得增值税专用发票，注明价款150 000元，税款19 500元。

（2）购进广告雕刻机2台，取得增值税专用发票，注明价款120 000元，税款15 600元。

（3）向一般纳税人提供广告服务，实现不含税销售额630 000元。

（4）向个体工商户提供广告门牌服务，实现含税销售额36 000元。

要求：计算该公司11月应缴纳的增值税。

【解析】（1）进项税额=19 500+15 600=35 100（元）

（2）销项税额=630 000×6%+36 000÷（1+6%）×6%=39 837.74（元）

（3）应纳税额=39 837.74-35 100=4 737.74（元）

【学中练·例2-7】美嘉装饰公司是增值税一般纳税人，税率为9%。2023年10月份发生下列经济业务：

（1）购进涂料一批，取得增值税专用发票，金额为80 000元，税额为10 400元。

（2）购进客货两用车一辆，取得机动车销售统一发票，金额为130 000元，税额为16 900元。

（3）为客户装修，取得装饰业务收入（含税）为405 500元。

要求：计算该公司10月应缴纳的增值税。

【解析】（1）购进涂料和汽车：

进项税额=10 400+16 900=27 300（元）

（2）取得装饰业务收入：

销项税额405 500÷（1+9%）×9%=33 481.65（元）

（3）该公司10月应缴纳的增值税：

应纳税额=33 481.65-27 300=6 181.65（元）

（二）小规模纳税人应纳税额的计算

小规模纳税人销售货物、服务、无形资产或不动产，应纳税额的计算采用简易办法，即按销售额乘以征收率，不得抵扣进项税额。采取销售额与税额合并定价的，应将其换算为不含税销售额，计算公式为：

不含税销售额=含税销售额÷（1+征收率）

应纳税额=不含税销售额×征收率

【学中练·例2-8】美丽干洗店为增值税小规模纳税人，选择按季纳税，适用征收率为1%，2023年第二季度购进洗衣粉6 000元，实现销售额为310 000元。

要求：计算该干洗店第二季度应缴纳的增值税。

【解析】应纳税额=310 000÷（1+1%）×1%=3 069.31（元）

（三）进口货物应纳税额的计算

纳税人进口货物以组成计税价格为计算其增值税的计税依据。其计算公式如下：

组成计税价格=关税完税价格+关税+消费税

应纳税额=组成计税价格×税率

从以上计算公式中可以看出，进口货物增值税的组成计税价格中包括已纳关税税额，如果进口货物属于消费税应税消费品，其组成计税价格中还应包括已纳消费税税额。

【学中练·例2-9】华美服装贸易公司2023年12月从美国进口一批高档牛仔服装，完税价格为350 000元，关税为42 000元。

要求：计算该公司12月应缴纳的增值税。

【解析】应纳税额=（350 000+42 000）×13%=50 960（元）

四、增值税的税收优惠

（一）《中华人民共和国增值税暂行条例》规定的免税项目

（1）农业生产者销售的自产农产品。

（2）避孕药品和用具。

（3）古旧图书。

（4）直接用于科学研究、科学试验和教学的进口仪器、设备。

（5）外国政府、国际组织无偿援助的进口物资和设备。

（6）由残疾人的组织直接进口供残疾人专用的物品。

（7）销售的自己使用过的物品。

（二）“营改增”政策规定的免税项目

（1）托儿所、幼儿园提供的保育和教育服务。

（2）养老机构提供的养老服务。

（3）残疾人福利机构提供的育养服务。

（4）婚姻介绍服务。

（5）殡葬服务。

（6）残疾人员本人为社会提供的服务。

（7）医疗机构提供的医疗服务。

（8）个人转让著作权。

（9）个人销售自建自用住房。

另外，个人将购买不足2年的住房对外销售的，按照5%的征收率全额缴纳增值税；个人将购买2年以上（含2年）的住房对外销售的，免征增值税。上述政策适用于北京市、上海市、广州市和深圳市之外的地区。

【学中思】房屋销售信息中所称“证过二”如何理解？

纳税人兼营免税、减税项目的，应当分别核算免税、减税项目的销售额；未分别核算销售额的，不得免税、减税。

纳税人销售货物、服务、无形资产或不动产，适用免税、减税规定的，可以放弃免税、减税，按照规定缴纳增值税。放弃免税、减税后，36个月内不得再申请免税。

（三）起征点

为照顾小型业户，简化征管手续，对未达到增值税起征点的，免征增值税。增值税起征点不适用于登记为一般纳税人的个体工商户。

增值税起征点的幅度规定如下：

（1）按期纳税的，为月销售额5 000～20 000元（含本数）。

（2）按次纳税的，为每次（日）销售额300～500元（含本数）。

各省、自治区、直辖市财政厅（局）和税务局应在规定的幅度内，根据实际情况确定本地区适用的起征点，并报财政部、国家税务总局备案。

对月销售额10万元以下（含本数）的增值税小规模纳税人，免征增值税。本规定执行至2027年12月31日。

☞ 税思育人·税惠润心

税费支持政策落实处 市场主体发展添信心

2022年，面对复杂严峻的国内外形势和多重超预期因素冲击，新的组合式税费支持政策、稳经济一揽子政策和接续措施成为我国宏观调控的关键性举措。国家税务总局数据显示，2022年，我国新增减税降费及退税缓税缓费超过4.2万亿元，企业每百元营业收入税费负担下降2.7%。

从国家税务总局公布的数据来看，2022年，全国新增减税降费及退税缓税缓费超4.2万亿元，主要包括三部分：一是累计退到纳税人账户的增值税留抵退税款2.46万亿元；二是新增减税降费超1万亿元，其中新增减税超8 000亿元，新增降费超2 000亿元；三是办理缓税缓费超7 500亿元。

业界专家认为，在恰当的时间窗口，我国用税费的“减法”换取企业效益的“加法”和市场活力的“乘法”，政策切实有效，为助力稳住宏观经济大盘发挥了关键作用。

五、增值税的征收管理

（一）纳税义务发生时间

销售货物、服务、无形资产或不动产的纳税义务发生时间，为收讫销售额或取得索取销售款凭据的当天；先开具发票的，为开具发票的当天；进口货物，为报关进口的当天。

取得索取销售款项凭据的当天，是指书面合同确定的付款日期；未签订书面合同或者书面合同未确定付款日期的，为货物发出、服务及无形资产转让完成或者不动产权属变更的当天。

根据销售方式和结算方式的不同，其纳税义务发生时间具体规定为：

（1）采取直接收款方式销售货物，不论货物是否发出，均为收到销售款或者取得索取销售款凭据的当天。

（2） 采取托收承付和委托银行收款方式销售货物，为发出货物并办妥托收手续的当天。

（3）采取赊销和分期收款方式销售货物，为书面合同约定的收款日期的当天，无书面合同的或者书面合同没有约定收款日期的，为货物发出的当天。

（4）采取预收货款方式销售货物，为货物发出的当天；纳税人采取预收款方式提供租赁服务的，其纳税义务发生时间为收到预收款的当天。

（5） 委托其他纳税人代销货物，为收到代销单位的代销清单或者收到全部或者部分货款的当天。未收到代销清单及货款的，为发出代销货物满180天的当天。

（6）销售应税劳务，为提供劳务同时收讫销售款或者取得索取销售款凭据的当天。

（7）纳税人发生视同销售行为［第（4）项至第（9）项］，为货物移送或服务、无形资产转让完成、不动产权属变更的当天。

（8）增值税扣缴义务发生时间为纳税人增值税纳税义务发生的当天。

（二）纳税地点

（1）固定业户应当向其机构所在地的主管税务机关申报纳税。总机构和分支机构不在同一县（市）的，应当分别向各自所在地的主管税务机关申报纳税；经国务院财政、税务主管部门或者其授权的财政、税务机关批准，可以由总机构汇总向总机构所在地的主管税务机关申报纳税。

（2）固定业户到外县（市）销售货物或应税劳务，应当向其机构所在地的主管税务机关申请开具外出经营活动税收管理证明，并向其机构所在地的主管税务机关申报纳税；未开具证明的，应当向销售地或者劳务发生地的主管税务机关申报纳税；未向销售地或者劳务发生地的主管税务机关申报纳税的，由其机构所在地的主管税务机关补征税款。

（3）非固定业户销售货物、服务、无形资产或不动产，应当向销售地或者服务发生地的主管税务机关申报纳税；未向销售地或者服务发生地的主管税务机关申报纳税的，由其机构所在地或者居住地的主管税务机关补征税款。

（4）其他个人提供建筑服务，销售或者租赁不动产，转让自然资源使用权，应向建筑服务发生地、不动产所在地、自然资源所在地主管税务机关申报纳税。

（5） 进口货物，应当向报关地海关申报纳税。

（6）扣缴义务人应当向其机构所在地或者居住地的主管税务机关申报缴纳其扣缴的税款。

（三）纳税期限

增值税的纳税期限分别为1日、3日、5日、10日、15日、1个月或者1个季度。纳税人的具体纳税期限，由主管税务机关根据纳税人应纳税额的大小分别核定。以1个季度为纳税期限的规定适用于小规模纳税人、银行、财务公司、信托投资公司、信用社，以及财政部和国家税务总局规定的其他纳税人。不能按照固定期限纳税的，可以按次纳税。

增值税小规模纳税人缴纳增值税、消费税及附征的城市维护建设税、教育费附加等税费，原则上实行按季申报。

纳税人以1个月或者1个季度为1个纳税期的，自期满之日起15日内申报纳税；以1日、3日、5日、10日或者15日为1个纳税期的，自期满之日起5日内预缴税款，于次月1日起15日内申报纳税并结清上月应纳税款。

纳税人进口货物，应当自海关填发税款缴纳书之日起15日内缴纳税款。

纳税人出口货物，应当按月向税务机关申报办理该项出口货物退税。

线上拓税

《中华人民共和国增值税法》（征求意见稿）

任务训练

一、单项选择题

1.增值税是对在我国境内销售货物、服务、无形资产或不动产以及进口货物的单位和个人取得的（　　）为征税对象征收的一种税。

A.销售额　　B.营业额

C.增值额　　D.收入额

2.下列各项中，不属于增值税征收范围的是（　　）。

A.提供邮政服务　　B.提供金融服务

C.提供生活服务　　D.资产重组

3.下列货物中按9%税率计算销项税额的是（　　）。

A.电视机　　B.方便面

C.膨化食品　　D.农业机械

4.下列项目中，即使取得法定扣税凭证，也不得从销项税额中抵扣其税额的是（　　）。

A.购进的用于对外投资的钢材

B.购进的用于职工福利的大米

C.购进的用于无偿赠送的运动服装

D.购进的用于分配给股东的汽车

5.计算销项税额的销售额不包括（　　）。

A.全部价款　　B.价外费用

C.增值税　　D.代收的消费税

6.华荣服装厂（一般纳税人）将特制的服装作为福利发给本厂职工，无同类产品销售价格，该批产品成本共计10万元，成本利润率为10%，计征增值税的销售额为（　　）万元。

A.10　　B.10.9

C.11　　D.18

7.根据增值税法律规定，下列不属于增值税扣税凭证的是（　　）。

A.农产品收购发票

B.增值税专用发票

C.未注明旅客身份信息的公路客票

D.海关进口增值税专用缴款书

8.下列关于增值税纳税义务发生的时间的说法中，不正确的是（　　）。

A. 采取预收货款方式销货时，为货物发出的当天

B. 采取预收货款方式销货时，为收到货款的当天

C. 采取托收承付和委托银行收款方式销货的，为发出货物并办妥托收手续的当天

D. 采取赊销和分期收款方式销售货物，为书面合同约定的收款日期的当天

9.某商品贸易公司2023年12月进口空调一批，12月10日海关填发税款缴纳书。下列说法中正确的是（　　）。

A.缴纳的最后期限为12月24日　　B.缴纳的最后期限为12月25日

C.缴纳的最后期限为12月23日　　D.缴纳的最后期限为12月10日

10.增值税一般纳税人发生的下列业务中，应当开具增值税专用发票的是（　　）。

A. 向一般纳税人销售应税货物

B. 向消费者个人销售货物的

C. 向消费者个人销售不动产的

D. 销售货物、服务、无形资产或不动产适用免税规定的

二、多项选择题

1.下列各项中，属于增值税征收范围的有（　　）。

A.销售锅炉　　B.修理汽车

C.加工校服　　D.进口食品

2.下列业务中，按规定应征收增值税的有（　　）。

A.运输业务　　B.房屋修缮业务

C.保险业务　　D.旅游业务

3.下列业务中，属于不征收增值税项目的有（　　）。

A.存款利息

B.保险业务

C.被保险人获得的保险赔付

D.资产重组中涉及的不动产、土地使用权转让行为

4.现行政策规定，下列纳税人应当登记为一般纳税人资格的有（　　）。

A.年应税销售额达到550万元的工厂

B.年应税销售额达到350万元的商场

C.年应税销售额达到850万元的批发公司

D.年应税服务额达到550万元的运输公司

5.下列业务中，按规定应按照9%征收增值税的有（　　）。

A.房屋租赁业务 B.设备经营租赁业务

C.设备融资租赁业务 D.土地租赁业务

6.企业将自产货物用于下列（ ）应视同销售，缴纳增值税。

A.增值税项目 B.分配给投资者

C.发放福利 D.赠送他人

7.计算销项税额的销售额不包括（ ）。

A.全部价款和价外费用 B.增值税

C.代收的消费税 D.代缴纳的车辆牌照费

8.下列关于增值税销售额的确定说法中正确的有（ ）。

A. 纳税人采取折扣方式销售货物或服务、无形资产或不动产的，如果将折扣额另开发票的，不论财务上如何处理，均不得从销售额中扣除折扣额

B. 采取销售折扣方式销售，不得从销售额中扣减销售折扣，即应按货价全额计税

C. 采取以旧换新方式销售货物的，应按新货物的同期销售价格确定销售额，不得冲减旧货物的收购价格

D. 对金银首饰以旧换新业务，按销售方实际收取的不含增值税的全部价款计缴增值税

9.下列业务中，不得抵扣进项税额的有（ ）。

A.购进材料用于免征增值税项目 B.购进材料发生非正常损失

C.购进材料用于集体福利或个人消费 D.购进材料用于简易计税项目

10.根据增值税暂行条例及其实施细则的规定，下列属于增值税扣税凭证的有（ ）。

A.农产品收购发票

B.增值税专用发票

C.注明旅客身份信息的铁路车票

D.海关的进口增值税专用缴款书

三、业务计算题

1.某制造企业为一般纳税人，2023年11月发生的购销业务如下：

（1）购入原材料，取得的增值税专用发票上注明价款40万元，税款5.2万元。

（2）购进货物运输服务，取得增值税专用发票上注明价款3万元。

（3）销售企业生产的甲产品，开具普通发票，取得含税销售额11.3万元。

（4）销售企业生产的乙产品，取得不含税销售额50万元。

要求：计算该企业11月份应纳增值税额。

2.华兴文具厂（一般纳税人）2023年12月发生下列业务：

（1）购进生产用原材料一批，取得的增值税专用发票上注明价款48 000元、税款6 240元。

（2）购进生产设备一台，取得的增值税专用发票上注明价款100 000元、税款13 000元。

（3）职工出差取得高铁票，票上注明金额3 000元。

（4）批发销售文具，取得不含税销售额180 000元。零售文具，取得含税销售额90 400元。

要求：计算该厂12月应纳增值税额。

3. 临沂源华进出口公司于2023年11月从美国进口一批平板电脑，完税价格900 000元，关税150 000元。

要求：计算该公司11月应纳增值税额。

4. 大阳汽车租赁公司为增值税小规模纳税人，选择按季度纳税，2023年第3季度出租一批汽车，取得租金收入404 000元（含税），适用征收率为1%。

要求：计算该公司第3季度应纳增值税额。

参考答案

任务二　消费税

任务概要

本任务主要介绍消费税的基本要素和税额计算。通过学习，要求理解消费税的基本含义，重点掌握消费税的基本法律规定以及应纳税额的计算方法等内容。

【任务导入】

同学们，大家在食堂吃饭，去超市买衣服，过年时买鞭炮，是作为生产者还是消费者？是不是所有消费者都要缴纳消费税？消费税是不是直接向消费者征收？

任务准备

一、消费税的概念及特征

（一）消费税的概念

消费税是对在中国境内从事生产、委托加工和进口应税消费品的单位和个人，就其销售额或销售数量，在特定环节征收的一种税。

（二）消费税的特征

1. 征税范围具有选择性

为了发挥消费税的特殊调节作用，引导合理消费，消费税只选择了部分消费品进行征税。

2. 征收环节具有单一性

一般来说，消费税实行一次课征制，只在生产、委托加工和进口环节征收消费税。

3.征收方法具有灵活性

为了适应对不同应税消费品征税的需要，采用了从价定率、从量定额，以及两者相结合的征收方法。

【学中思】我们生活中常见的手机、空调等消费品需要缴纳消费税吗？

二、消费税的基本要素

（一）纳税人

消费税的纳税人是指在中国境内生产、委托加工和进口应税消费品的单位和个人。消费税的纳税人还有：

1. 在中国境内从事金银首饰（铂金首饰除外）商业零售的单位和个人。

2. 在中国境内从事卷烟、电子烟批发业务的单位和个人。

3. 从事超豪华小汽车零售的单位和个人。

单位是指企业、行政单位、事业单位、军事单位、社会团体及其他单位，个人是指个体工商户及其他个人。

（二）征收范围

消费税的具体征收范围包括5大类15种应税消费品。

1. 过度消费会对人的身体健康、社会秩序、节能环保等方面造成危害的特殊消费品，如烟、酒、鞭炮焰火、电池、涂料等。

2. 非生活必需品，如高档手表、贵重首饰、珠宝玉石等。

3. 高能耗及高档消费品，如摩托车、小汽车、游艇等。

4. 不可再生和替代的稀缺资源，如汽油、柴油等。

现行消费税共设置15个税目，包括烟，酒，高档化妆品，贵重首饰及珠宝玉石，鞭炮、焰火，成品油，摩托车，小汽车，高尔夫球及球具，高档手表，游艇，木制一次性筷子，实木地板，电池，涂料。

（三）税率

消费税采用比例税率和定额税率两种（见表2-1）。

表2-1 应税消费品名称、税率和计量单位对照表

应税消费品名称	比例税率	定额税率	计量单位
一、烟			
1. 卷烟			
（1）工业			
①甲类卷烟［调拨价70元（不含增值税）/条以上（含70元）］	56%	30元/万支	万支
②乙类卷烟［调拨价70元（不含增值税）/条以下］	36%	30元/万支	
（2）商业批发	11%	50元/万支	

续表

应税消费品名称	比例税率	定额税率	计量单位
2.雪茄烟	36%	—	支
3.烟丝	30%	—	千克
4.电子烟			
（1）工业	36%	—	盒
（2）商业批发	11%	—	盒
二、酒			
1.白酒	20%	0.5元/500克（毫升）	500克（毫升）
2.黄酒	—	240元/吨	吨
3.啤酒			
（1）甲类啤酒（出厂价格3 000元（不含增值税）/吨以上（含3 000元））	—	250元/吨	吨
（2）乙类啤酒（出厂价格3 000元（不含增值税）/吨以下）	—	220元/吨	
4.其他酒	10%	—	吨
三、高档化妆品	15%	—	实际使用计量单位
四、贵重首饰及珠宝玉石			
1.金银首饰、铂金首饰和钻石及钻石饰品	5%	—	实际使用计量单位
2.其他贵重首饰和珠宝玉石	10%	—	
五、鞭炮、焰火	15%	—	实际使用计量单位
六、成品油			
1.汽油	—	1.52元/升	升
2.柴油	—	1.2元/升	
3.航空煤油	—	1.2元/升	
4.石脑油	—	1.52元/升	
5.溶剂油	—	1.52元/升	
6.润滑油	—	1.52元/升	

续表

应税消费品名称	比例税率	定额税率	计量单位
7.燃料油	—	1.元/升	升
七、摩托车			
1.气缸容量（排气量，下同）=250毫升	3%	—	辆
2.气缸容量＞250毫升	10%	—	
八、小汽车			
1.乘用车			
（1）气缸容量（排气量，下同）≤1升	1%	—	辆
（2）1升＜气缸容量≤1.5升	3%	—	
（3）1.5升＜气缸容量≤2升	5%	—	
（4）2升＜气缸容量≤2.5升	9%	—	
（5）2.5升＜气缸容量≤3升	12%	—	
（6）3升＜气缸容量≤4升	25%	—	
（7）气缸容量＞4升	40%	—	
2.中轻型商用客车	5%	—	
3.超豪华小汽车	10%		
九、高尔夫球及球具	10%	—	实际使用计量单位
十、高档手表	20%	—	只
十一、游艇	10%	—	艘
十二、木制一次性筷子	5%	—	万双
十三、实木地板	5%	—	平方米
十四、电池	4%	—	支
十五、涂料	4%	—	吨

【学中思】乘用车税率划分为7档，其规定的意图是什么？倡导怎样的消费方式？

纳税人兼营不同税率的应税消费品，应当分别核算不同税率应税消费品的销售额或销售数量，未分别核算的，按最高税率征税。

纳税人将应税消费品与非应税消费品以及适用税率不同的应税消费品组成成套消费品销售的，应根据成套消费品的销售额按应税消费品中适用最高税率的消费品税率征税。

☞ 税思育人·税规律心

电子烟征税，意味着啥?

凭借“戒烟神器”“多种口味”“年轻时尚”等新概念，近年来，电子烟受到众多年轻人的追捧，但同时也饱受“成分不健康”“烟油泄漏”“诱导未成年人”等争议。

财政部、海关总署、国家税务总局联合发布《财政部 海关总署 税务总局关于对电子烟征收消费税的公告》，明确从2022年11月1日起将电子烟纳入消费税征收范围。

多位行业专家表示，我国电子烟开征消费税，符合烟草市场整体管理要求，体现税制公平和统一；有利于强化“控烟”目的，引导社会健康消费。

通过征收消费税，能引导大家减少电子烟消费。消费税是一种价内税，即税金构成商品价格一部分的税收存在形式。因此，通过价格的调节机制，征收了消费税的商品价格上升，从而引导大家减少消费非鼓励类的消费商品。

据调查，一些电子烟产品存在添加不安全成分、烟油泄漏、劣质电池等严重质量安全隐患。国内外多项研究已表明，电子烟对身体健康存在危害。

三、应纳税额的计算

消费税采取从价定率、从量定额以及从价定率与从量定额相结合的三种计算方法。

（一）从价定率征收应纳税额的计算

应纳税额=销售额×比例税率

应税消费品的“销售额”是含消费税而不含增值税的销售额。如果纳税人应税消费品的销售额中未扣除增值税税款或者因不得开具增值税专用发票而发生价款和增值税税款合并收取的，在计算消费税时，应当换算为不含增值税的销售额。其换算公式为：

应税销售额=含税销售额÷（1+税率或者征收率）

1.对外销售应税消费品

对外销售的应税消费品，销售额包括纳税人销售应税消费品向购买方收取的全部价款和价外费用。

其中价外费用，是指价外向购买方收取的手续费、补贴、基金、集资费、返还利润、奖励费、违约金、滞纳金、延期付款利息、赔偿金、代收款项、代垫款项、包装费、包装物租金、储备费、优质费、运输装卸费以及其他各种性质的价外收费。

另外，纳税人销售的应税消费品，如因质量等原因由购买者退回时，经机构所在地或者居住地主管税务机关审核批准后，可退还已缴纳的消费税税款。

应税消费品连同包装物销售的，无论包装物是否单独计价以及在会计上如何核算，均应并入应税消费品的销售额中缴纳消费税。

如果包装物不作价随同产品销售，而是收取押金，此项押金则不应并入应税消费品的销售额中征税。

但对因逾期未收回的包装物不再退还的或者已收取的时间超过12个月的押金，应并入应税消费品的销售额，按照应税消费品的适用税率缴纳消费税。

酒类产品收取的包装物押金，除销售啤酒、黄酒外，无论是否返还以及会计如何核算，均应并入当期销售额征税。

【学中练·例2-10】威能电池公司为增值税一般纳税人，2023年10月销售电池，取得含税销售额186.45万元。

要求：计算该公司应缴纳的消费税。

【解析】应纳税额=186.45÷（1+13%）×4%=6.6（万元）

2.纳税人自产自用应税消费品

纳税人自产自用的应税消费品，用于连续生产应税消费品的，即纳税人将自产自用的应税消费品作为直接材料生产最终应税消费品，并构成最终应税消费品实体的，不纳税；用于其他方面的，即纳税人将自产自用应税消费品用于生产非应税消费品、在建工程、管理部门、非生产机构、提供劳务、馈赠、赞助、集资、广告、样品、职工福利、奖励等方面的，于移送使用时纳税。其计税依据为纳税人当月销售的同类消费品的销售价格。

如果当月同类消费品各期销售价格高低不同，应按销售数量加权平均计算。

如果当月无销售或当月未完结，则应按同类消费品上月或最近月份的销售价格作为同类产品的销售价格；没有同类消费品销售价格的，以组成计税价格计税。其计算公式为：

组成计税价格=成本×（1+成本利润率）÷（1-比例税率）

公式中的“成本”，是指应税消费品的产品生产成本，应税消费品的全国平均成本利润率由国家税务总局确定（见表2-2）。

表2-2　　应税消费品的全国平均成本利润率

应税消费品	平均成本利润率
乙类卷烟、雪茄烟、烟丝、薯类白酒、其他酒、化妆品、鞭炮、焰火、中轻型商用客车、木制一次性筷子、实木地板	5%
贵重首饰及珠宝玉石、摩托车、越野车	6%
乘用车	8%
甲类卷烟、电子烟、粮食白酒、高尔夫球及球具、游艇	10%
高档手表	20%
电池	4%
涂料	7%

【学中练·例2-11】某化工厂于2023年11月将新生产的高档化妆品200盒发放职工福利，该批化妆品尚未对外销售，生产成本为20元/盒。

要求：请计算该化工厂当月应纳消费税额。

【解析】组成计税价格=20×（1+5%）÷（1−15%）×200=4 941.18（元）

应纳税额=4 941.18×15%=741.18（元）

3.委托加工应税消费品

委托加工的应税消费品是指由委托方提供原料和主要材料，受托方只收取加工费和代垫部分辅助材料加工的应税消费品。对于由受托方提供原材料生产的应税消费品，或者受托方先将原材料卖给委托方，然后再接受加工的应税消费品，以及由受托方以委托方名义购进原材料生产的应税消费品，不论在财务上是否作销售处理，都不得作为委托加工应税消费品，而应当按照销售自制应税消费品缴纳消费税。

委托加工的应税消费品，除受托方为个人外，由受托方在向委托方交货时代收代缴税款。委托加工的应税消费品，委托方用于连续生产应税消费品的，所纳税款准予按规定抵扣。

委托加工的应税消费品直接出售的，不再缴纳消费税。

委托个人加工的应税消费品，由委托方收回后缴纳消费税。

委托加工的应税消费品如果受托方有同类消费品销售价格的，按照受托方同类消费品的销售价格计算纳税；没有同类消费品销售价格的，按组成计税价格计算纳税。其计算公式为：

组成计税价格=（材料成本+加工费）÷（1−比例税率）

公式中的“材料成本”，是指委托方所提供加工材料的实际成本。委托加工应税消费品的纳税人，必须在委托加工合同上如实注明（或者以其他方式提供）材料成本，凡未提供材料成本的，受托方主管税务机关有权核定其材料成本。公式中的“加工费”，是指受托方加工应税消费品向委托方所收取的全部费用（包括代垫辅助材料的实际成本）。

【学中练·例2-12】某婚庆公司于2023年10月委托烟花厂加工特型鞭炮焰火一批，合同中注明的原材料成本为80 000元，支付加工费6 000元（包括代垫辅助材料100元），增值税780元，受托企业无同类产品销售价格。

要求：请计算该公司应纳的消费税。

【解析】组成计税价格=（80 000+6 000）÷（1−15%）=101 176.47（元）

应纳税额=101 176.47×15%=15 176.47（元）

4.进口应税消费品

进口应税消费品按照组成计税价格计算纳税。其计算公式为：

组成计税价格=（完税价格+关税）÷（1−比例税率）

进口货物的完税价格包括货物的标价、货物运抵中国境内输入地点起卸前的运输及其相关费用、保险费。

【学中练·例2-13】华天贸易公司于2023年11月从国外进口一批摩托车，海关核定的关税完税价格为600 000元，关税120 000元，已知摩托车消费税的适用税率为

10%。

要求：请计算该公司应缴纳的消费税。

【解析】组成计税价格=（600 000+120 000）÷（1-10%）=800 000（元）

应纳税额=800 000×10%=80 000（元）

（二）从量定额征收应纳税额的计算

应纳税额=销售数量×定额税率

应税消费品的销售数量具体规定为：

1. 生产销售的，为销售数量；
2. 委托加工的，为纳税人收回的应税消费品数量；
3. 自产自用的，为移送使用数量；
4. 进口的，为海关核定的进口征税数量。

实行从量定额办法计算应纳税额的应税消费品，计量单位的换算标准见表2-3。

表2-3　计量单位（吨、升）换算表

序号	名称	计量单位的换算标准
1	黄酒	1吨=962升
2	啤酒	1吨=988升
3	汽油	1吨=1 388升
4	柴油	1吨=1 176升
5	航空煤油	1吨=1 246升
6	石脑油	1吨=1 385升
7	溶剂油	1吨=1 282升
8	润滑油	1吨=1 126升
9	燃料油	1吨=1 015升

【学中练·例2-14】某炼油厂于2023年10月生产汽油1 300吨，销售汽油1 000吨，取得不含税销售额620万元。

要求：请计算其应纳的消费税（汽油1吨等于1 388升）。

【解析】应纳税额=1 000×1 388×1.52=2 109 760（元）

（三）从量定额与从价定率复合征收应纳税额的计算

应纳税额=销售数量×定额税率+销售额×比例税率

【学中练·例2-15】某酒厂于2023年12月销售粮食白酒160 000千克，不含税销售价格为15元/千克。

要求：请计算该批粮食酒应纳消费税额。

【解析】应纳税额=160 000×2×0.5+160 000×15×20%=640 000（元）

纳税人自产自用的应税消费品，其组成计税价格公式为：

$$组成计税价格 = [成本 \times (1 + 成本利润率) + 自产自用数量 \times 定额税率] \div (1 - 比例税率)$$

委托加工应税消费品，其组成计税价格公式为：

组成计税价格=（材料成本+加工费+委托加工数量×定额税率）÷（1-比例税率）

进口应税消费品，其组成计税价格公式为：

组成计税价格=（完税价格+关税+进口数量×定额税率）÷（1-比例税率）

（四）应纳税额计算的其他规定

1.纳税人用外购或委托加工收回已税消费品生产同类应税消费品的，可按生产领用数量扣除已税消费品的税款。扣除范围包括：

（1）外购或委托加工收回的已税烟丝生产的卷烟。

（2）外购或委托加工收回的已税高档化妆品生产的高档化妆品。

（3）外购或委托加工收回的已税珠宝玉石生产的贵重首饰及珠宝玉石。

（4）外购或委托加工收回的已税鞭炮焰火生产的鞭炮焰火。

（5）外购或委托加工收回的已税杆头、杆身和握把为原料生产的高尔夫球杆。

（6）外购或委托加工收回的已税木制一次性筷子为原料生产的木制一次性筷子。

（7）外购或委托加工收回的已税实木地板为原料生产的实木地板。

（8）以外购或委托加工收回的已税汽油、柴油、石脑油、燃料油、润滑油用于连续生产应税成品油。

（9）从葡萄酒生产企业购进、进口葡萄酒连续生产应税葡萄酒。

2.纳税人用于换取生产资料和消费资料、投资入股和抵偿债务等方面的应税消费品，应当以纳税人同类应税消费品的最高销售价格作为计税依据计算消费税。

四、消费税的征收管理

（一）纳税义务发生时间

1.纳税人生产应税消费品，均于销售时纳税。根据销售方式和结算方式的不同，其纳税义务发生时间具体规定为：

（1）采取赊销和分期收款结算方式的，为书面合同约定的收款日期的当天，书面合同没有约定收款日期或者无书面合同的，为发出应税消费品的当天。

（2）采取预收货款结算方式的，为发出应税消费品的当天。

（3）采取托收承付和委托银行收款方式的，为发出应税消费品并办妥托收手续的当天。

（4）采取其他结算方式的，为收讫销售款或者取得索取销售款凭据的当天。

2.纳税人自产自用应税消费品的，为移送使用的当天。

3.纳税人委托加工应税消费品的，为纳税人提货的当天。

4.纳税人进口应税消费品的，为报关进口的当天。

（二）纳税地点

纳税人销售的应税消费品，以及自产自用的应税消费品，除国务院财政、税务主管部门另有规定外，应当向纳税人机构所在地或者居住地的主管税务机关申报纳税。

纳税人到外县（市）销售或者委托外县（市）代销自产应税消费品的，于应税消费品销售后，向机构所在地或者居住地主管税务机关申报纳税。纳税人的总机构与分支机构不在同一县（市）的，应当分别向各自机构所在地的主管税务机关申报纳税；经财政部、国家税务总局或者其授权的财政、税务机关批准，可以由总机构汇总向总机构所在地的主管税务机关申报纳税。

委托加工的应税消费品，除受托方为个人外，由受托方向机构所在地或者居住地的主管税务机关解缴消费税税款。

进口的应税消费品，应当向报关地海关申报纳税。

（三）纳税期限

消费税的纳税期限分别为1日、3日、5日、10日、15日、1个月或者1个季度。纳税人的具体纳税期限，由主管税务机关根据纳税人应纳税额的大小分别核定；不能按照固定期限纳税的，可以按次纳税。

纳税人以1个月或者1个季度为1个纳税期的，自期满之日起15日内申报纳税；以1日、3日、5日、10日或者15日为1个纳税期的，自期满之日起5日内预缴税款，于次月1日起15日内申报纳税并结清上月应纳税款。

纳税人进口应税消费品，应当自海关填发税款缴纳书之日起15日内缴纳税款。

线上拓税

电子烟消费税相关政策解读

任务训练

一、单项选择题

1.现行消费税共设置税目（　　）。

A.11个　　B.13个

C.14个　　D.15个

2.下列各项中，不属于消费税纳税义务人的是（　　）。

A.生产应税消费品的单位和个人

B.委托加工应税消费品的单位和个人

C.流通环节购买应税消费品的单位和个人

D.进口应税消费品的单位和个人

3.下列零售业务中，应缴纳消费税的是（　　）。

A.商店零售高档化妆品　　B.商店零售卷烟

C.商店零售金银首饰　　D.商店零售白酒

4.下列批发业务中，应缴纳消费税的是（　　）。

A.商贸公司批发高档化妆品　　B.烟草公司批发卷烟

C.商贸公司批发金银首饰　　D.酒水销售公司批发白酒

5.委托加工应税消费品，应缴纳消费税的纳税人是（　　）。

A.委托方　　B.受托方

C.购进方　　D.销售方

6.纳税人自产自用的应税消费品用于连续生产应税消费品的（　　）。

A.不纳税　　B.只纳消费税

C.只纳增值税　　D.既纳消费税又纳增值税

7.冰镇啤酒厂本月生产了15 000吨生啤，当月销售了10 000吨，取得含税销售收入113万元。则啤酒厂计算其应纳消费税的计税依据为（　　）。

A.100万元　　B.113万元

C.10 000吨　　D.15 000吨

8.下列关于消费税的说法中不正确的是（　　）。

A. 纳税人将生产的应税消费品换取生产资料、消费资料，应缴纳消费税

B. 纳税人将生产的应税消费品投资入股，应缴纳消费税

C. 纳税人将生产的应税消费品偿还债务，应缴纳消费税

D. 纳税人将生产的应税消费品用于继续生产应税消费品，应缴纳消费税

9.纳税人自产自用的应税消费品的，其消费税的纳税义务发生时间为（　　）。

A.将提货单交给买方的当天　　B.合同约定的收款日期的当天

C.移送使用的当天　　D.发出货物的当天

10.实行从价定率征税的应税消费品，计算消费税的销售额（　　）。

A.含消费税不含增值税　　B.含增值税不含消费税

C.不含消费税和增值税　　D.含消费税和增值税

二、多项选择题

1.根据消费税现行规定，下列属于消费税纳税人的有（　　）。

A.金银首饰的进口商　　B.高档化妆品的生产商

C.卷烟的批发商　　D.金银首饰的零售商

2.依据消费税的有关规定，下列消费品中属于高档化妆品税目的有（　　）。

A.高档美容化妆品　　B.高档修饰类化妆品

C.高档护肤类化妆品　　D.成套化妆品

3.下列业务，应当征收消费税的有（　　）。

A.厂家销售自产高尔夫球球具　　B.进口白酒

C.建材商场销售实木地板　　D.进口大型商务客车

4.实行从量从价复合征收消费税的应税消费品有（　　）。

A.卷烟　　B.白酒

C.电池　　D.汽油

5.纳税人自产自用的应税消费品，用于以下（　　）的，应于移送使用时纳税。

A.生产应税消费品　　B.生产非应税消费品

C.在建工程　　D.赞助

三、业务计算题

1.风驰摩托车厂为增值税一般纳税人，生产电掣牌摩托车，包括两轮摩托车和三轮摩托车，适用的消费税税率均为3%，2023年11月发生以下经济业务：

（1）销售两轮摩托车40辆，取得不含税销售额为160 000元。

（2）销售三轮摩托车100辆，取得含税销售额为800 000元，同时收取包装物租金12 000元。

（3）购入生产用材料，取得增值税专用发票上注明税额82 000元。

要求：计算该厂应纳增值税额和消费税额。

2.飘香酒厂系增值税一般纳税人，主要生产各种酒，2023年11月发生经济业务如下：

（1）销售粮食白酒6 000瓶（每瓶为500克），含增值税的销售价为33.9元/瓶。

（2）销售啤酒20吨，不含增值税销售额为72 000元（适用税额为250元/吨）。

要求：计算该厂应纳消费税额。

参考答案

任务三　关税

任务概要

本任务主要介绍关税的概念及特征、基本要素和税额计算。通过学习，要求理解关税的基本含义，重点掌握关税的基本法律规定以及进口货物应纳税额的计算方法。

【任务导入】

小张从事海外代购奶粉生意，每次回国都自觉进行过关申报。但是由于之前并未考虑关税的影响，给顾客的价格低于税后价格。他意识到学习关税的重要性。

任务准备

一、关税的概念及特征

（一）关税的概念

关税是海关依法对进出境货物、物品征收的一种税。

所谓“境”，是指关境，又称“海关境域”或“关税领域”，是《中华人民共和国海关法》（以下简称《海关法》）全面实施的领域。在通常情况下，一国关境与国境是一致的，包括国家全部的领土、领海、领空。但当某一国家在国境内设立了自由港、自由贸易区等，这些区域就进出口关税而言处在关境之外，这时该国家的关境小于国境。

【学中思】“国境”和“关境”、“货物”和“物品”，这两组概念有什么不同？

（二）关税的特征

1.纳税上的统一性和一次性

按照关税法和关税税则征收关税，在征收一次性关税后，货物就可在整个关境内流通，不再另行征收关税。

2.征收上的过“关”性

是否征收关税，是以货物是否通过关境为标准。凡是进出关境的货物才征收关税；凡未进出关境的货物则不属于关税的征税对象。

3.税率上的复式性

同一进口货物设置优惠税率和普通税率的复式税则制。优惠税率是一般的、正常的税率，适用于同我国订有贸易互利条约或协定的国家；普通税率适用于同我国没有签订贸易条约或协定的国家。这种复式税则充分反映了关税具有维护国家主权、平等互利发展国际贸易往来和经济技术合作的特点。

4.征管上的权威性

关税是通过海关执行的。海关根据有关政策、法令和规章，对进出口货物、行李、邮件、运输工具等实行监督管理，征收关税、查禁走私货物等。

5.对进出口贸易的调节性

许多国家通过制定和调整关税税率来调节进出口贸易。在出口方面，通过低税、免税和退税来鼓励商品出口；在进口方面，通过税率的高低、减免来调节商品的进口。

☞ 税思育人·税史鉴心

近代中国关税主权变迁

近代以来，西方列强为打开中国市场，攫取利益，对中国发动了多次侵略战争。伴随着列强对中国的侵略，中国丧失了大部分的国家主权，关税主权也不例外。

近代中国，关税自主权的丧失主要包括关税制定权、行政管理权和税款使用权。近代中国关税主权的丧失致使关税不仅不能为政府提供充足的财政收入，更不能保护本国民族经济不受外来势力的冲击和损害。近代以来，列强凭借控制中国的关税主权攫取了数不清的中国利益，阻碍了中国经济的发展和社会的进步。

进入20世纪后，中华民族开始觉醒，中国社会的各阶层和爱国人士纷纷探寻收回关税主权之道并为此进行了一系列斗争。然因近代中国的积贫积弱，近代中国多次收回关税主权的努力都无果而终，直到中华人民共和国成立后，中国才真正收回了关税自主权。梳理近代中国的关税状况及主权收复历程，总结其经验与教训，仍然能够给我们以有意义的借鉴和启示。

二、关税的基本要素

（一）纳税人

进口货物的收货人、出口货物的发货人、进境物品的携带人或者收件人，是关税的纳税人。

从事跨境电子商务零售进口的电子商务平台经营者、物流企业和报关企业，以及法律、行政法规规定负有代扣代缴、代收代缴关税税款义务的单位和个人，是关税的扣缴义务人。

（二）征收范围

关税的征税对象是准许进出口的货物和进境物品。货物，是指贸易性商品。物品，是指入境旅客随身携带的行李物品、个人邮递物品、各种运输工具上的服务人员携带进口的自用物品、馈赠物品以及其他方式进境的个人物品。

（三）税率

1.进口关税

进口关税设有最惠国税率、协定税率、特惠税率、普通税率、关税配额税率等税率。另外，对进口货物在一定期限内可以实行暂定税率。

2.出口关税

我国出口关税为一栏税率，即出口税率。国家仅对少数资源性产品及易于竞相杀价、盲目进口、需要规范出口秩序的半制成品征收出口关税。

3.特别关税

特别关税包括反倾销关税、反补贴关税、保障措施关税和报复性关税。依法对进口货物征收反倾销税、反补贴税、保障措施关税的，其税率的适用按照有关反倾销、反补贴和保障措施的法律、行政法规的规定执行。征收报复性关税的货物范围、适用国别或者地区、税率、期限和征收办法，由国务院关税税则委员会提出建议，报国务院批准后执行。

☞ 税思育人·税规律心

通过!《中华人民共和国关税法》自2024年12月1日起施行

2024年4月26日，第十四届全国人大常委会第九次会议表决通过了《中华人民共和国关税法》(以下简称《关税法》)，自2024年12月1日起施行。

作为我国制定的关税专门法律，《关税法》保持现行关税税制基本稳定、税负水平总体不变，完善现行制度和有关政策内容并上升为法律。《关税法》共七章，包括总则、税目和税率、应纳税额、税收优惠和特殊情形关税征收、征收管理、法律责任、附则。

《关税法》的出台，是落实税收法定原则的具体体现，将为维护进出口秩序、规范关税的征收和缴纳、保护纳税人的合法权益等提供更坚实的制度保障，对于推进高水平对外开放、打造市场化法治化国际化营商环境具有重要意义。

三、关税的计算

（一）关税完税价格

关税的计税依据分别为关税完税价格和进出口数量。我国现行关税大多实行从价计征，即以进出口应税货物的完税价格为计税依据。

1.一般进口货物的完税价格

进口货物的计税价格以成交价格以及该货物运抵中华人民共和国境内输入地点起卸前的运输及其相关费用、保险费为基础确定。中国境内输入地为入境海关地，包括内陆河、江口岸，一般为第一口岸。进口货物的成交价格，是指买方为购买该货物，并按有关规定调整后实付或应付的价格。

进口货物的下列费用应当计入完税价格：

（1）由买方负担的除购货佣金以外的佣金和经纪费。佣金是指买方为购买进口货物向自己的采购代理人支付的劳务费用。经纪费是指买方为购买进口货物向代表买卖双方利益的经纪人支付的劳务费用。

（2）由买方负担的与该货物视为一体的容器费用。

（3）由买方负担的包装材料和包装劳务费用。

（4）与该货物的生产和向中国境内销售有关的，由买方以免费或者以低于成本的方式提供并可以按适当比例分摊的料件、工具、模具、消耗材料及类似货物的价款，以及在中国境外开发、设计等相关服务的费用。

（5）与该货物有关并作为卖方向我国销售该货物的一项条件，应当由买方直接或间接支付的特许权使用费。特许权使用费是指买方为获得与进口货物相关的，受著作权保护的作品、专利、商标、专有技术和其他权利的使用许可而支付的费用。

（6）卖方直接或间接从买方对该货物进口后转售、处置或使用所得中获得的收益。

上列所述的费用或价值，应当由进口货物的收货人向海关提供客观量化的数据资料。如果没有客观量化的数据资料，完税价格由海关按《中华人民共和国海关审定进出口货物完税价格办法》规定的方法进行估定。

进口时在货物的价款中列明的下列税收、费用，不得计入该货物的完税价格：

（1）厂房、机械、设备等货物进口后的基建、安装、装配、维修和技术服务的费用。

（2）货物运抵境内输入地点之后的运输费用、保险费用和其他相关费用。

（3）进口关税及其他国内税收。

【学中练·例2-16】华隆国际贸易公司于2023年12月进口空调300台，经海关审定的货价为90万元。运抵我国关境内输入地点起卸前发生包装费4万元、运输费2万元、保险费0.5万元、购货佣金1万元。

要求：计算该公司进口该批空调的完税价格。

【解析】完税价格=90+4+2+0.5=96.5（万元）

2.出口货物的完税价格

出口货物的完税价格，由海关以该货物向境外销售的成交价格为基础审查确定，并应包括货物运至中国境内输出地点装载前的运输及其相关费用、保险费等。

出口货物的成交价格是指该货物出口销售到中国境外时买方向卖方实付或应付的价格。出口货物的成交价格中含有支付给境外的佣金的，如果单独列明，则应当扣除。

（二）应纳税额的计算

1.进口货物应纳税额的计算

（1）从价税应纳税额的计算。

从价税应纳税额的计算公式为：

关税税额=应税进口货物数量×单位完税价格×税率

【学中练·例2-17】临港进出口公司于2023年12月从德国进口一批高档化妆品，到岸价格为425万元，运抵中国关境内输入地点起卸前的包装费、运输费、保险费和其他劳务费用共计30万元，自海关运抵公司仓库发生运输费1.5万元，开具了增值税专用发票。关税税率为10%。

要求：计算该公司应缴纳的进口关税。

【解析】完税价格不包括自海关运抵公司仓库发生运输费1.5万元。

关税税额=（425+30）×10%=45.5（万元）

（2）从量税应纳税额的计算。

从量税应纳税额的计算公式为：

关税税额=应税进口货物数量×单位货物税额

（3）复合税应纳税额的计算。

复合税应纳税额的计算公式为：

关税税额=应税进口货物数量×单位货物税额+应税进口货物数量×单位完税价格×税率

（4）滑准税应纳税额的计算。

滑准税应纳税额的计算公式为：

关税税额=应税进口货物数量×单位完税价格×滑准税税率

滑准税是从价税的一种，税率随着进口货物价格的变动而反方向变动。在关税税则中，对同一进出口货物或物品事先按其价格高低设定若干档不同税率，海关计征时，按进出口货物和物品的完税价格，对照税率表确定适用税率征收的关税。目前，我国对关税配额外进口的一定数量的棉花实行滑准税。

2.出口货物应纳税额的计算

目前，我国大部分出口关税均采用从价税的形式征收。其计算公式为：

关税税额=应税出口货物数量×单位完税价格×税率

四、关税的税收优惠

（一）下列进出口货物、进境物品，免征关税

1. 国务院规定的免征额度内的一票货物。
2. 无商业价值的广告品和货样。
3. 进出境运输工具装载的途中必需的燃料、物料和饮食用品。

4. 在海关放行前损毁或者灭失的货物、进境物品。

5. 外国政府、国际组织无偿赠送的物资。

6. 中华人民共和国缔结或者共同参加的国际条约、协定规定免征关税的货物、进境物品。

（二）下列进出口货物、进境物品，减征关税

1. 在海关放行前遭受损坏的货物、进境物品。

2. 中华人民共和国缔结或者共同参加的国际条约、协定规定减征关税的货物、进境物品。

五、关税的征收管理

关税的征收管理可以实施货物放行与税额确定相分离的模式。

纳税人、扣缴义务人应当按照规定的期限和要求如实向海关申报税额，并提供相关资料。必要时，海关可以要求纳税人、扣缴义务人补充申报。

进出口货物的纳税人、扣缴义务人应当自完成申报之日起15日内缴纳税款；因不可抗力或者国家税收政策调整，不能按期缴纳的，经向海关申请并提供担保，可以延期缴纳，但最长不得超过6个月。

☞ 税思育人·税案警心

代购本无罪，逃避关税须处罚

从韩国免税店买回化妆品后在淘宝销售，2012年离职空姐李某被认定逃避税款超百万元，被判有期徒刑11年，处罚金50万元。

“代购”本身是个中性词语，并无原罪，然而，正如任何行为都有边界，代购的边界则在于需要按照规定缴纳关税。我国刑法规定的走私普通货物、物品罪，是指违反海关法规，逃避海关监管，非法运输、携带、邮寄武器、毒品等刑法另有规定物品以外的货物、物品进出境，逃避应缴纳关税额5万元以上的行为。

根据海关总署2010年第54号公告，进境居民旅客携带在境外获取的自用物品，总值在5 000元人民币以内的，海关免税放行，超出部分须缴税。此外，应缴税额为累积计算，这主要是为了打击“蚂蚁搬家”式走私。

该案也给大家敲响了警钟，代购和其他任何行为一样，都不能触及法律的红线，如果逃避关税，达到一定数额，就将构成犯罪。

线上拓税

波澜壮阔七十年 关税见证伟大历程

任务训练

一、单项选择题

1. 下列不属于关税的征税对象的是（　　）。

A. 出境的贸易性商品

B. 入境的旅客随身携带的行李物品

C. 境内个人之间转让的位于境外的不动产

D. 在海关放行前损失的货物

2. 在税则中预先按产品的价格高低分档制定若干不同的税率，然后根据进出口商品价格的变动而增减进出口税率的关税属于（　　）。

A. 从价税　　B. 复合税

C. 选择税　　D. 滑准税

3. 下列关于关税特征的说法中，不正确的是（　　）。

A. 征收的对象是进出境的货物和物品

B. 关税是单一环节的价外税

C. 有较强的涉外性

D. 关税税率的高低，不影响国际贸易的开展

4. 进出口货物的纳税人、扣缴义务人应当自完成申报之日起（　　）内缴纳税款。

A.7 日　　B.15 日

C.30 日　　D.14 日

5. 纳税人因不可抗力或者在国际税收政策调整的情况下，不能按期缴纳税款的，经海关总署批准，可以延期缴纳税款，但最长不得超过（　　）。

A.15 天　　B.1 个月

C.3 个月　　D.6 个月

二、多项选择题

1. 下列关于关税的概念和特点的解释中，不正确的有（　　）。

A. 当一个国家在境内设立自由贸易区域或自由港时，关境大于国境

B. 在境内和境外流通的货物，不进出关境的需征关税

C. 关税是多环节的价内税

D. 关税对进出关境的货物和物品征收

2. 下列各项中，属于关税纳税义务人的有（　　）。

A. 进口货物的收货人　　B. 出口货物的发货人

C. 进境物品的携带人　　D. 邮递方式进境物品的收件人

3. 下列选项中，不属于进口关税完税价格组成部分的有（　　）。

A. 买方为购买进口货物向自己的采购代理人支付的劳务费

B. 买方为购买进口货物向代表买卖双方利益的经纪人支付的劳务费用

C. 货物运抵境内输入地点起卸之后的运输费用

D. 境外考察费用

三、业务计算题

1.东山贸易公司于2023年11月从境外进口一批生产材料，材料价款折合人民币30万元，支付包装费2万元，支付卖方佣金0.5万元。该货物运抵中国境内输入地点起卸前发生运费4万元、保险费2万元，从海关运往企业所在地发生运费0.4万元。已知该批材料适用的关税税率为10%。

要求：计算该公司进口该批材料时应缴纳的关税。

2.环球进出口有限公司于2023年10月进口高档化妆品一批，支付国外的买价220万元，支付运抵我国海关地前的运输费用20万元、装卸费用和保险费用11万元。已知高档化妆品适用的关税税率为20%。

要求：计算该公司应缴纳的关税、增值税和消费税。

参考答案

项目三　所得税制

知识目标

1. 理解企业所得税、个人所得税的概念及特征。
2. 掌握企业所得税、个人所得税的主要法律规定。
3. 掌握企业所得税、个人所得税应纳税额的计算。

能力目标

1. 能够准确判断企业所得税纳税人、所得范围及其适用税率。
2. 能够准确判断个人所得税纳税人、应税所得的界定及其适用税率。
3. 能够根据业务资料准确计算企业所得税、个人所得税应纳税额。

素养目标

1. 培养精益求精、一丝不苟的工匠精神。
2. 培养诚信纳税意识和税法遵从意识。
3. 培养光荣纳税的爱国情怀和社会责任意识。

任务一　企业所得税

任务概要

本任务主要介绍企业所得税的基本要素和税额计算。通过学习，要求理解企业所得税的概念及特征，重点掌握企业所得税的基本法律规定以及应纳税额的计算，为税款的申报缴纳做好知识储备。

【任务导入】

小李供职于临海木业有限公司，2023年度有员工200人，资产总额4 200万元，年利润额280万元。想一想，该公司属于哪种纳税人？适用的税率是多少？享受怎样的税收优惠政策？

任务准备

一、企业所得税的概念及特征

（一）企业所得税的概念

企业所得税是指以企业来源于中国境内、境外的各项所得为征税对象征收的一种税。企业所得税是国家参与企业利润分配的一种规范形式，是我国目前的主体税种之一。

（二）企业所得税的特征

1.以应纳税所得额为计税依据

企业所得税的计税依据，是纳税人的收入总额扣除各项成本、费用、税金、损失等支出后的净所得额，它既不等于企业实现的会计利润额，也不是企业的增值额，更非销售额或营业额。因此，企业所得税是一种不同于商品劳务税的税种。

2.征税以量能负担为原则

企业所得税以净所得为计税依据，贯彻量能负担的原则，即所得多的多纳税、所得少的少纳税、无所得的不纳税。这种将所得税负担和纳税人所得多少联系起来征税的办法，便于体现税收公平的基本原则。

3.税负不易转嫁

企业所得税属于直接税，对企业的纯收入征税，由纳税人自己负担，不能通过提高商品价格等方式转嫁出去。这有利于促进企业改善经营管理，提升营利能力。

4.按年计算，分期预缴，保证收入及时稳定

反映企业经营业绩的利润或所得通常是按年计算、衡量的，所得税是对全年所得的一种分配，为了保证税收收入及时、均衡入库，企业所得税实行按年计算，分月或分季预缴，年终汇算清缴、多退少补的征管办法。

二、企业所得税的基本要素

（一）纳税人

企业所得税的纳税人是指在中国境内的企业和其他取得收入的组织。它包括企业、事业单位、社会团体以及其他取得收入的组织，不包括个人独资企业和合伙企业。

依照国际惯例，企业所得税的纳税人按照登记注册地和实际管理机构地两个标准，划分为居民企业和非居民企业，分别承担不同的纳税义务。

1.居民企业

居民企业是指依法在中国境内成立，或者依照外国（地区）法律成立但实际管理机构在中国境内的企业。实际管理机构是指对企业的生产经营、人员、财务、财产等实施实质性全面管理和控制的机构，如股东大会、董事会等。

居民企业承担全面纳税义务，应当就其来源于中国境内、境外的所得缴纳企业所得税。

2. 非居民企业

非居民企业是指依照外国（地区）法律成立且实际管理机构不在中国境内，但在中国境内设立机构、场所的，或者在中国境内未设立机构、场所，但有来源于中国境内所得的企业。

非居民企业承担有限纳税义务，非居民企业在中国境内设立机构、场所的，应当就其所设机构、场所取得的来源于中国境内的所得，以及发生在中国境外但与其所设机构、场所有实际联系的所得，缴纳企业所得税。

非居民企业在中国境内未设立机构、场所的，或者虽设立机构、场所但取得的所得与其所设机构、场所没有实际联系的，应当就其来源于中国境内的所得缴纳企业所得税。

（二）征税对象

企业所得税的征税对象是企业取得的各项所得，包括：销售货物所得、提供劳务所得、转让财产所得、股息红利等权益性投资所得、利息所得、租金所得、特许权使用费所得、接受捐赠所得和其他所得。

（三）税率

1. 基本税率

企业所得税的基本税率为25%的比例税率，适用于居民企业来源于中国境内、境外的所得，在中国境内设立机构、场所的非居民企业来源于中国境内的所得，以及其发生在中国境外但与其所设机构、场所有实际联系的所得。

☞ 税思育人·税史鉴心

全球180个国家（地区）企业所得税税率比较分析

美国税收基金会发布的《2021年全球企业所得税税率分析报告》中指出，自1980年以来，全球企业所得税平均税率持续下降，尤其2000—2010年下降幅度最大。1980年，全球企业所得税平均税率为40.11%，而2021年为23.54%，降幅为41%。报告中提到的225个辖区中，2021年只有3个辖区提高企业所得税税率，而17个辖区则降低了企业所得税税率，这一趋势仍将延续。随着时间的推移，越来越多的辖区已经转向以30%或更低的税率征收企业所得税。

2. 优惠税率

（1）符合条件的小型微利企业，减按20%的税率征收企业所得税。

自2023年1月1日至2027年12月31日，对小型微利企业减按25%计算应纳税所得额，按20%的税率缴纳企业所得税。

所谓小型微利企业，是指从事国家非限制和禁止行业，并同时符合下列条件的企业：

① 年度应纳税所得额不超过300万元；

② 从业人数不超过300人；

③ 资产总额不超过5 000万元。

（2）国家需要重点扶持的高新技术企业，减按15%的税率征收企业所得税。国家需要重点扶持的高新技术企业，是指拥有核心自主知识产权，并符合《高新技术企业认定管理办法》规定条件的企业。

【学中思】请上网查一查，该类高新技术企业应同时具备哪些条件?

（3）经认定的技术先进型服务企业（服务贸易类），减按15%的税率征收企业所得税。

（4）在中国境内未设立机构、场所，或虽设立机构、场所但取得的所得与其所设机构、场所没有实际联系的非居民企业的中国境内所得，适用20%的税率，实际以减按10%的税率征收企业所得税。企业所得税税率见表3-1。

表3-1 企业所得税税率

企业类型		纳税义务	税率
居民企业	一般企业	境内所得和境外所得	25%
	高新技术企业、技术先进型服务企业		15%
	小型微利企业		20%
非居民企业	在中国境内设立机构、场所	与机构、场所有联系的境内、境外所得	25%
		与机构、场所没有联系的境内所得	10%
	在中国境内没有设立机构、场所	境内所得	10%

【学中练·例3-1】辉煌公司是食品加工制造企业，2023年拥有员工280人，资产总额4 500万元，应纳税所得额是190万元。

要求：判断该公司是否符合小型微利企业的优惠条件。

【解析】根据小型微利企业的判定标准，辉煌公司属于小型微利企业，适用20%的企业所得税税率。

三、企业所得税的计算

（一）应纳税所得额的确定

企业所得税的计税依据是企业的应纳税所得额，是指企业每一纳税年度的收入总额减除不征税收入、免税收入、各项扣除以及准予弥补的以前年度亏损后的余额，用公式表示为：

应纳税所得额=收入总额-不征税收入额-免税收入额-各项扣除额-准予弥补的以前年度亏损额

另外，也可以间接地根据会计利润总额加上或减去按照税法规定调整的项目金额得到应纳税所得额，用公式表示为：

应纳税所得额=会计利润总额+纳税调整增加额-纳税调整减少额-准予弥补的以前年度亏损额

企业应纳税所得额的计算以权责发生制为原则，属于当期的收入和费用不论款项是否收付，均作为当期的收入和费用；不属于当期的收入和费用，即使款项已经在当期收付，均不作为当期的收入和费用。但是，国务院财政、税务主管部门另有规定的除外。

在计算应纳税所得额时，企业财务、会计处理办法与税收法律、行政法规的规定不一致的，应当依照税收法律、行政法规的规定计算。

（二）收入总额

企业以货币形式和非货币形式从各种来源取得的收入，为收入总额。

1.收入的一般规定

（1）销售货物收入，是指企业销售商品、产品、原材料、包装物、低值易耗品以及其他存货取得的收入。

（2）提供劳务收入，是指企业从事建筑安装、修理修配、交通运输、仓储租赁、金融保险、邮电通信、咨询经纪、文化体育、科学研究、技术服务、教育培训、餐饮住宿、中介代理、卫生保健、社区服务、旅游、娱乐、加工以及其他劳务服务活动取得的收入。

（3）转让财产收入，是指纳税人有偿转让各类财产取得的收入，包括转让固定资产、有价证券、股权以及其他财产而取得的收入。

（4）股息、红利等权益性投资收益，是指纳税人对外投资入股分得的股利、红利收入。股息、红利等权益性投资收益，除国务院财政、税务主管部门另有规定外，按照被投资方作出利润分配决定的日期确认收入的实现。

（5）利息收入，是指纳税人购买各种债券等有价证券的利息、外单位欠款付给的利息以及其他利息收入。利息收入，按照合同约定的债务人应付利息的日期确认收入的实现。

（6）租金收入，是指纳税人出租固定资产、包装物以及其他财产而取得的租金收入。租金收入，按照合同约定的承租人应付租金的日期确认收入的实现。

（7）特许权使用费收入，是指企业提供专利权、非专利技术、商标权、著作权以及其他特许权的使用权取得的收入。特许权使用费收入，按照合同约定的特许权使用人应付特许权使用费的日期确认收入的实现。

（8）接受捐赠收入，是指企业接受的来自其他企业、组织或者个人无偿给予的货币性资产、非货币性资产。接受捐赠收入，按照实际收到捐赠资产的日期确认收入的实现。

（9）其他收入，是指上述各项收入之外的一切收入，包括固定资产盘盈收入、罚款收入、因债权人缘故确实无法支付的应付款项、物资及现金的溢余收入、教育费附加返还款、包装物押金收入以及其他收入。

2.收入的特殊规定

（1）以分期收款方式销售货物的，按照合同约定的收款日期确认收入的实现。

（2）企业受托加工制造大型机械设备、船舶、飞机，以及从事建筑、安装、装配工程业务或者提供其他劳务等，持续时间超过12个月的，按照纳税年度内完工进度或者完成的工作量确认收入的实现。

（3）采取产品分成方式取得收入的，按照企业分得产品的日期确认收入的实现，其收入额按照产品的公允价值确定。

（4）企业发生非货币性资产交换，以及将货物、财产、劳务用于捐赠、偿债、赞助、集资、广告、样品、职工福利和利润分配等用途的，应当视同销售货物、转让财产和提供劳务，但国务院财政、税务主管部门另有规定的除外。

（三）不征税收入

收入总额中的下列收入为不征税收入：

（1）财政拨款，是指各级人民政府对纳入预算管理的事业单位、社会团体等组织拨付的财政资金，但国务院和国务院财政、税务主管部门另有规定的除外。

（2）依法收取并纳入财政管理的行政事业性收费、政府性基金。其中行政事业性收费，是指依照法律法规等有关规定，按照国务院规定程序批准，在实施社会公共管理，以及在向公民、法人或者其他组织提供特定公共服务过程中，向特定对象收取并纳入财政管理的费用。政府性基金，是指企业依照法律、行政法规等有关规定，代政府收取的具有专项用途的财政资金。

（3）国务院规定的其他不征税收入，是指企业取得的由国务院财政、税务主管部门规定专项用途并经国务院批准的财政性资金。

（四）免税收入

企业的下列收入为免税收入：

（1）国债利息收入，是指企业持有国务院财政部门发行的国债取得的利息收入。

（2）符合条件的居民企业之间的股息、红利等权益性投资收益，即居民企业直接投资于其他居民企业取得的投资收益，不包括连续持有居民企业公开发行并上市流通的股票不足12个月取得的投资收益。

（3）在中国境内设立机构、场所的非居民企业从居民企业取得与该机构、场所有实际联系的股息、红利等权益性投资收益。

（4）符合条件的非营利组织的收入。

（五）扣除额的确定

企业实际发生的与取得收入有关的、合理的支出，包括成本、费用、税金、损失和其他支出，准予在计算应纳税所得额时扣除。

（1）成本，是指企业在生产经营活动中发生的销售成本、销货成本、业务支出以及其他耗费，如商品销售成本、材料销售成本、提供劳务成本等。

（2）费用，是指企业在生产经营活动中发生的销售费用、管理费用和财务费用，已经计入成本的有关费用除外。

（3）税金，是指企业发生的除企业所得税和允许抵扣的增值税以外的各项税金及其附加。

（4）损失，是指企业在生产经营活动中发生的固定资产和存货的盘亏、毁损、报废损失，转让财产损失，呆账损失，坏账损失，自然灾害等不可抗力因素造成的损失以及其他损失。

（5）其他支出，是指除成本、费用、税金、损失外，企业在生产经营活动中发生的与生产经营活动有关的合理的支出。

（六）扣除项目的范围和标准

1.工资、薪金支出

企业发生的合理的工资、薪金支出可以据实扣除。

工资、薪金，是指企业每一纳税年度支付给在本企业任职或者受雇的员工的所有现金形式或者非现金形式的劳动报酬，包括基本工资、奖金、津贴、补贴、年终加薪、加班工资，以及与员工任职或者受雇有关的其他支出。

"合理"，是指企业制定了较为规范的员工工资、薪金制度；所制定的工资、薪金制度符合行业及地区水平；企业在一定时期所发放的工资、薪金是相对固定的，工资、薪金的调整是有序进行的；企业对实际发放的工资、薪金，已依法履行了代扣代缴个人所得税义务；有关工资、薪金的安排，不以减少或逃避纳税为目的。

2.职工福利费、工会经费、职工教育经费

（1）企业发生的职工福利费支出，不超过工资、薪金总额14%的部分，准予扣除。

（2）企业拨缴的工会经费，不超过工资、薪金总额2%的部分，准予扣除。

（3）除国务院财政、税务主管部门另有规定外，企业发生的职工教育经费支出，不超过工资、薪金总额8%的部分，准予扣除；超过部分，准予在以后纳税年度结转扣除。

【学中练·例3-2】翔龙钢材贸易公司2023年度计入成本费用支出的工资总额为500 000元，全年职工福利费、工会经费、职工教育经费实际发生额分别为85 000元、10 000元、52 000元。

要求：计算该公司2023年度税前准予扣除的三项经费支出。

【解析】（1）职工福利费扣除限额=500 000×14%=70 000（元），应按限额70 000元税前扣除，纳税调增85 000−70 000=15 000（元）。

（2）工会经费扣除限额=500 000×2%=10 000（元），应按实际发生额10 000元税前扣除，不超限额，无须调整。

（3）职工教育经费扣除限额=500 000×8%=40 000（元），应按限额40 000元税前扣除，纳税调增为52 000−40 000=12 000（元），实际超过部分可以结转以后年度扣除。

3.商业和社会保险费

（1）企业依照国务院有关主管部门或者省级人民政府规定的范围和标准为职工缴纳的基本养老保险费、基本医疗保险费、失业保险费、工伤保险费、生育保险费等基本社会保险费和住房公积金，准予扣除。

为投资者或者职工支付的补充养老保险费、补充医疗保险费，在国务院财政、税务主管部门规定的范围和标准内准予扣除。

（2）企业参加财产保险和责任保险，按规定缴纳的保险费，可以据实扣除；按国家有关规定为特殊工种职工支付的人身安全保险，可以据实扣除。

（3）企业职工因公出差乘坐交通工具发生的人身意外保险费支出，准予扣除。

（4）企业参加雇主责任险、公众责任险等责任保险，按照规定交纳的保险费，准予扣除。

（5）企业为职工或投资者支付的人寿保险、财产保险等商业保险，不得扣除。

4.借款费用

向金融企业借款的利息支出不需要资本化的，可以据实扣除；向非金融企业借款的利息支出，扣除部分不得超过按照金融企业同期同类贷款利率计算的数额。

企业为购置、建造固定资产、无形资产和经过12个月以上才能达到预定可销售状态的存货而发生的专门借款，在有关资产购置、建造期间发生的合理的借款费用，应当作为资本性支出计入有关资产的成本，不得税前扣除。

【学中练·例3-3】北海建筑公司2023年1月1日发生两笔借款业务：向中国工商银行借款600 000元用于生产经营，年利率为6%。向福鑫公司借款300 000元，年利率为8%。

要求：计算该公司2023年度税前准予扣除的利息支出。

【解析】向中国工商银行借款的利息支出允许税前扣除，向福鑫公司借款的利息超过银行同期同类贷款利率计算的部分也不得扣除。

税前可扣除的财务费用=600 000×6%+300 000×6%=54 000（元）

纳税调增300 000×（8%-6%）=6 000（元）

5.业务招待费支出

企业发生的与生产经营活动有关的业务招待费支出，按照发生额的60%扣除，但最高不得超过当年销售（营业）收入的5‰。

当年销售（营业）收入，包括主营业务收入（扣除了销货退回和折让）、其他业务收入、视同销售收入；但不包括营业外收入、补贴收入、投资收益。

【学中练·例3-4】绿水科技有限公司2023年度实现主营业务收入3 900万元，其他业务收入300万元，当年业务招待费支出44万元。

要求：计算该公司2023年度税前准予扣除的业务招待费支出。

【解析】业务招待费的60%为44×60%=26.4（万元），销售收入的5‰为（3 900+300）×5‰=21（万元），比较大小，实际可税前扣除的业务招待费为21万元，纳税调增为44-21=23（万元）。

6.广告费和业务宣传费支出

企业发生的符合条件的广告费和业务宣传费支出，除国务院财政、税务主管部门另有规定外，不超过当年销售（营业）收入15%的部分，准予扣除；超过部分，准予在以后纳税年度结转扣除。

自2021年1月1日起至2025年12月31日，对化妆品制造或销售、医药制造和饮料制造（不含酒类制造）企业发生的广告费和业务宣传费支出，不超过当年销售（营业）收入30%的部分，准予扣除；超过部分，准予在以后纳税年度结转扣除。

烟草企业的烟草广告费和业务宣传费支出，一律不得在计算应纳税所得额时扣除。

【学中练·例3-5】绿水科技有限公司2023年度实现主营业务收入3 900万元，其他业务收入300万元，当年广告费支出705万元。

要求：计算该公司2023年度税前准予扣除的广告费支出。

【解析】广告费的扣除限额为（3 900+300）×15%=630（万元），实际支出705万元，本年可税前扣除630万元，纳税调增75万元（705-630），超过部分可在以后年度结转扣除。

7.环境保护生态恢复专项资金

企业依照法律、行政法规有关规定提取的用于环境保护、生态恢复等方面的专项资金，准予扣除。上述专项资金提取后改变用途的，不得扣除。

8.租赁费

企业根据生产经营活动的需要租入固定资产支付的租赁费，按照以下方法扣除：

（1）以经营租赁方式租入固定资产发生的租赁费支出，按照租赁期限均匀扣除。

（2）以融资租赁方式租入固定资产发生的租赁费支出，按照规定构成融资租入固定资产价值的部分应当提取折旧费用，分期扣除。

9.劳动保护支出

企业发生的合理的劳动保护支出，准予扣除。

10.公益性捐赠支出

公益性捐赠支出，企业通过公益性社会组织或者县级（含县级）以上人民政府及其组成部门和直属机构，用于慈善活动、公益事业的捐赠支出，在年度利润总额12%以内的部分，准予在计算应纳税所得额时扣除；超过年度利润总额12%的部分，准予结转以后3年内在计算应纳税所得额时扣除。

公益事业，是指非营利的下列事项：救助灾害、救济贫困、扶助残疾人等困难的社会群体和个人的活动；教育、科学、文化、卫生、体育事业；环境保护、社会公共设施建设；促进社会发展和进步的其他社会公共和福利事业。

年度利润总额，是指企业依照国家统一会计制度的规定计算的年度会计利润。

【学中思】最近你从媒体上了解到哪些“一方有难，八方支援”的感人故事？

【学中练·例3-6】福祥餐饮公司于2023年度实现会计利润800万元，通过民政部门捐赠给贫困山区85万元。

要求：计算该公司2023年度税前准予扣除的捐赠支出。

【解析】扣除限额=800×12%=96（万元），实际捐赠85万元，没有超标，可以据实扣除。

11.资产损失

资产损失包括企业的实际资产损失和法定资产损失。实际资产损失，是指企业在实际处置、转让资产过程中发生的合理损失。法定资产损失，是指企业虽未实际处置、转让资产，但符合税法规定条件计算确认的损失。

因报废、盘亏、毁损等原因而不得从增值税销项税额中抵扣的进项税额，可以税前扣除；但应由保险公司或个人赔偿的损失，不得扣除。

（七）准予弥补的以前年度亏损

企业纳税年度发生的亏损，准予向以后年度结转，用以后年度的所得弥补，但结转年限最长不得超过5年。企业在汇总计算缴纳企业所得税时，其境外营业机构的亏损不得抵减境内营业机构的盈利。

结转年限最长不得超过5年，是指从发生亏损年度的下一纳税年度起连续不断地计算，5年内不论盈利或亏损，都作为实际弥补期限计算。

自2018年1月1日起，当年具备高新技术企业或科技型中小企业资格的企业，其具备资格年度之前5个年度发生的尚未弥补完的亏损，准予结转以后年度弥补，最长结转年限由5年延长至10年。

【学中练·例3-7】青田家政公司2017-2023年的盈亏情况，见表3-2。

表3-2　　青田家政公司2017—2023年的盈亏情况　　单位：万元

年度	2017	2018	2019	2020	2021	2022	2023
盈亏	-120	-50	10	30	30	40	70

要求：计算该公司2023年度应纳的企业所得税。

【解析】2017年的亏损120万元可以弥补至2022年，2018年的亏损50万元可以弥补至2023年，即用2023年的70万元所得弥补，2023年还剩所得20万元。2023年应纳所得税额=20×25%=5（万元）。

（八）不得扣除项目

1. 向投资者支付的股息、红利等权益性投资收益款项。

2. 企业所得税税款。

3. 税收滞纳金。

4. 罚金、罚款和被没收财物的损失。

5. 企业发生的公益救济性捐赠支出以外的捐赠支出。

6. 赞助支出，是指企业发生的与生产经营活动无关的各种非广告性质支出。

7. 未经核定的准备金支出，是指不符合国务院财政、税务主管部门规定的各项资产减值准备、风险准备等准备金支出，包括已计提的坏账准备金。

8. 与取得收入无关的其他支出。

【学中思】企业因贷款违约而被银行所处的罚息可否税前扣除？赞助某明星演唱会的支出可否税前扣除？

（九）应纳税额的计算

应纳税额，是指企业的应纳税所得额乘以适用税率，减去依照税收优惠的规定减免和抵免的税额后的余额。其计算公式为：

应纳税额=应纳税所得额×适用税率-减免税额-抵免税额

公式中的减免税额和抵免税额，是指依照企业所得税法和国务院的税收优惠规定减征、免征和抵免的应纳税额。

企业取得的已在境外缴纳的所得税税额，可以从其当期应纳税额中抵免，抵免限额为该项所得依照我国税法规定计算的应纳税额；超过抵免限额的部分，可以在以后5个年度内，用每年抵免限额抵免当年应抵税额后的余额进行抵补。

企业的应纳税所得额乘以适用税率，减除依照规定减免和抵免的税额后的余额，为应纳税额。

应纳税额计算公式为：

应纳税额=应纳税所得额×适用税率-减免税额-抵免税额

公式中的减免税额和抵免税额，是指依照企业所得税法和国务院的税收优惠规定减征、免征和抵免的应纳税额。

【学中练·例3-8】福源商贸公司于2023年度实现利润总额为800万元，实现主营业务收入5 000万元。有关的核算资料如下：

（1）全年发生管理费用450万元（其中包括业务招待费100万元）。

（2）发生营业外支出70万元（其中包括环保部门罚款1万元）。

（3）全年已计入各项成本费用中的工资支出总额为290万元，发生职工福利费支出50万元。

要求：根据以上资料，计算该公司2023年度应缴纳的企业所得税。

【解析】（1）业务招待费扣除限额：5 000×5‰=25（万元）

实际发生额的60%：100×60%=60（万元）>25万元

多列业务招待费，应调增应纳税所得额：100−25=75（万元）

（2）环保部门罚款不得在税前列支，应调增应纳税所得额1万元。

（3）职工福利费列支限额：290×14%=40.6（万元），应调增应纳税所得额50−40.6=9.4（万元）

（4）应纳税所得额=800+75+1+9.4=885.4（万元）

（5）应纳所得税额=885.4×25%=221.35（万元）

四、企业所得税的税收优惠

企业所得税的税收优惠政策主要有免税、减税、加计扣除、加速折旧、减计收入、税额抵免等。

（一）免税、减税优惠

企业的下列所得，可以免征、减征企业所得税。

1.从事农、林、牧、渔项目的所得

企业从事下列项目的所得，免征企业所得税：

（1）蔬菜、谷物、薯类、油料、豆类、棉花、麻类、糖料、水果、坚果的种植。

（2）农作物新品种的选育。

（3）中药材的种植。

（4）林木的培育和种植。

（5）牲畜、家禽的饲养。

（6）林产品的采集。

（7）灌溉、农产品初加工、兽医、农技推广、农机作业和维修等农、林、牧、渔服务业项目。

（8）远洋捕捞。

企业从事下列项目的所得，减半征收企业所得税：

（1）花卉、茶以及其他饮料作物和香料作物的种植。

（2）海水养殖、内陆养殖。

2.从事国家重点扶持的公共基础设施项目投资经营的所得

国家重点扶持的公共基础设施项目，是指《公共基础设施项目企业所得税优惠目录》规定的港口码头、机场、铁路、公路、城市公共交通、电力、水利等项目，不包括企业承包经营、承包建设和内部自建自用的项目。企业从事国家重点扶持的公共基础设施项目的投资经营的所得，自项目取得第一笔生产经营收入所属纳税年度起，第1年至第3年免征企业所得税，第4年至第6年减半征收企业所得税。

3.从事符合条件的环境保护、节能节水项目的所得

符合条件的环境保护、节能节水项目，包括公共污水处理、公共垃圾处理、沼气综合开发利用、节能减排技术改造、海水淡化等。企业从事符合条件的环境保护、节能节水项目的所得，自项目取得第一笔生产经营收入所属纳税年度起，第1年至第3年免征企业所得税，第4年至第6年减半征收企业所得税。

4.符合条件的技术转让所得

一个纳税年度内，居民企业技术转让所得不超过500万元的部分，免征企业所得税；超过500万元的部分，减半征收企业所得税。

（二）加计扣除优惠

1.研究开发费

企业开展研发活动中实际发生的研发费用，未形成无形资产计入当期损益的，在按规定据实扣除的基础上，自2023年1月1日起，再按照实际发生额的100%在税前加计扣除；形成无形资产的，自2023年1月1日起，按照无形资产成本的200%在税前摊销。

烟草制造业、住宿和餐饮业、批发和零售业、房地产业、租赁和商务服务业、娱乐业不享受加计扣除政策。

【学中练·例3-9】华盛有限公司于2023年度发生管理费用450万元，其中包括新产品研究开发费用180万元。

要求：计算该公司2023年度加计扣除的研究开发费支出。

【解析】研究开发费用，可在据实扣除的基础上，按照全年发生额的100%加计扣除，应调减应纳税所得额180×100%=180（万元）

☞ 税思育人·税惠润心

“代表委员话税收”系列报道：

税费支持政策步步加力　企业科技创新有了“新动能”

党的二十大报告提出，坚持创新在我国现代化建设全局中的核心地位，加快实现高水平科技自立自强，加快建设科技强国。

企业已从技术创新的主体转变成科技创新的主体。据统计，2022年企业研发投入占全社会研发投入的比率已超过3/4，2022年全国技术合同成交额已达到4.8万亿元，企业贡献了超过80%的技术吸纳。

“研发费用加计扣除比例由75%提升到100%，对当时的我们来说真是一场及时雨，340多万元企业所得税应纳税额减免更坚定了我们搞研发的信心。”全国政协委员、广东省工商联副主席、白云电器董事长胡德兆介绍，在研发费用加计扣除等国家各类优惠政策的支持下，企业为行业转型升级带来了新方案。记者了解到，2022年，白云电器享受研发费加计扣除优惠政策减免企业所得税800余万元。企业将享受的减免税额继续投入科研创新，相继研发出10种产品及技术解决方案。

2.企业安置残疾人员所支付的工资

企业安置残疾人员的，在按照支付给残疾职工工资据实扣除的基础上，按照支付给

残疾职工工资的100%加计扣除。残疾人员的范围适用《中华人民共和国残疾人保障法》的有关规定。

企业为安置国家鼓励安置的下岗失业人员、军队转业干部、城镇退役士兵、随军家属等所支付的工资，可以在计算应纳税所得额时加计扣除，具体办法由国务院另行规定。

【学中思】在已学习的增值税中，涉及哪些关于残疾人员的税收优惠？

（三）固定资产折旧优惠

企业的固定资产由于技术进步等原因，确需加速折旧的，可以缩短折旧年限或者采取加速折旧方法。这类资产包括：

（1）由于技术进步，产品更新换代较快的固定资产；

（2）常年处于强震动、高腐蚀状态的固定资产。

采取缩短折旧年限的，最低折旧年限不得低于规定折旧年限的60%；采取加速折旧方法的，可以采取双倍余额递减法或者年数总和法。

自2019年1月1日起，固定资产加速折旧优惠的行业范围扩大至全部制造业领域。

企业在2024年1月1日至2027年12月31日期间新购进的设备、器具，单位价值不超过500万元的，允许一次性计入当期成本费用，在计算应纳税所得额时扣除，不再分年度计算折旧。

（四）减计收入优惠

企业综合利用资源，生产符合国家产业政策规定的产品所取得的收入，可以在计算应纳税所得额时减计收入。

企业以《资源综合利用企业所得税优惠目录》规定的资源作为主要原材料，生产国家非限制和禁止并符合国家和行业相关标准的产品取得的收入，减按90%计入收入总额。

上述所称原材料占生产产品材料的比例不得低于《资源综合利用企业所得税优惠目录》规定的标准。

（五）税额抵免优惠

企业购置并实际使用《环境保护专用设备企业所得税优惠目录》《节能节水专用设备企业所得税优惠目录》《安全生产专用设备企业所得税优惠目录》规定的环境保护、节能节水、安全生产等专用设备的，该专用设备的投资额的10%可以从企业当年的应纳税额中抵免；当年不足抵免的，可以在以后5个纳税年度结转抵免。

享受上述规定的企业所得税优惠的企业，应当实际购置并自身实际投入使用上述规定的专用设备；企业购置上述专用设备在5年内转让、出租的，应当停止享受企业所得税优惠，并补缴已经抵免的企业所得税税款。

（六）创投企业优惠

创业投资企业采取股权投资方式投资于国家需要重点扶持和鼓励的未上市的中小高新技术企业2年以上的，可以按照其投资额的70%在股权持有满2年的当年抵扣该创业投资企业的应纳税所得额；当年不足抵扣的，可以在以后的纳税年度结转抵扣。

（七）扶助小型微利企业的税收优惠

自2023年1月1日至2027年12月31日，对小型微利企业减按25%计算应纳税所得额，按20%的税率缴纳企业所得税。无论采取查账征收还是核定征收方式，均可以享受该优惠政策。

【学中练·例3-10】山水净水有限公司符合小型微利企业条件，2023年度全年应纳税所得额为240万元。

要求：计算该公司本年度应纳的企业所得税。

【解析】该公司符合小型微利企业条件，应纳税额=240×25%×20%=12（万元）

五、企业所得税的征收管理

（一）纳税期限

企业所得税实行按年计算、分月或分季预缴、年度汇算清缴、多退少补的征纳方法。

企业所得税的纳税年度，自公历1月1日起至12月31日止。纳税人在一个年度中间开业，或者由于合并、关闭等原因，使该纳税年度的实际经营期不足12个月的，应当以其实际经营期为一个纳税年度。纳税人清算时，应当以清算期间作为一个纳税年度。

纳税人应当在月份或者季度终了后15日内，向其机构所在地主管税务机关报送会计报表和预缴所得税申报表，并在规定期限内预缴所得税。预缴方法一经确定，不得随意变更。

企业所得税的年终汇算清缴，在年度终了后5个月内进行。纳税人应在年度终了后5个月内，向其机构所在地主管税务机关报送会计决算报表和所得税申报表，办理年终汇算清缴。

企业在纳税年度内无论盈利或亏损，都应依照规定的期限，向税务机关报送预缴企业所得税纳税申报表、年度企业所得税纳税申报表、财务会计报告和税务机关规定应当报送的其他有关资料。

纳税人进行清算时，应当在进行工商注销登记之前，向当地主管税务机关进行所得税申报。

（二）纳税地点

企业所得税由纳税人向其所在地主管税务机关缴纳。所在地，是指纳税人的实际经营管理地。企业登记注册地与实际经营管理地不一致的，应当以其实际经营管理地为申报纳税所在地。

线上拓税

研发费用税前加计扣除政策解读

任务训练

一、单项选择题

1.下列收入中，属于企业所得税不征税收入的是（　　）。

A.转让财产收入　　B.财政拨款收入

C.国债利息收入　　D.符合条件的居民企业之间的股息收入

2.按20%的优惠税率征收企业所得税的是（　　）。

A.小型微利企业　　B.高新技术企业

C.节能环保企业　　D.非居民企业

3.企业在计算应纳税所得额时，发生的职工工会经费、职工福利费、职工教育经费支出，分别不超过工资薪金总额的（　　）部分，准予扣除。

A.2%、14%、8%　　B.14%、2%、8%

C.8%、14%、2%　　D.8%、2%、14%

4.企业安置残疾人员的，在按照支付给残疾职工工资据实扣除的基础上，按照支付给残疾职工工资的（　　）加计扣除。

A.100%　　B.200%

C.300%　　D.50%

5.企业发生的公益性捐赠支出，在（　　）12%以内的部分，准予在计算应纳税所得额时扣除。

A.会计利润　　B.应纳税所得

C.收入总额　　D.主营业务收入

6.纳税人在计算应纳税所得额时，不准从收入总额中扣除的项目是（　　）。

A.业务招待费　　B.环保罚款

C.公益救济性捐赠　　D.工资支出

7.纳税人在计算应纳税所得额时，不允许从收入总额中扣除的税金是（　　）。

A.增值税　　B.消费税

C.资源税　　D.城建税

8.纳税人在计算应纳税所得额时，不允许从收入总额中扣除的项目是（　　）。

A.罚息支出　　B.违约金支出

C.广告费支出　　D.股息支出

9.企业纳税年度发生的亏损，准予向以后年度结转，用以后年度的所得弥补，但结转年限最长不得超过（　　）。

A.3年　　B.5年

C.7年　　D.10年

10.根据企业所得税法的规定，当自年度终了之日起（　　）内，向税务机关报送年度企业所得税纳税申报表，并汇算清缴，结清应缴、应退税款。

A.3个月　　B.4个月

C.5个月　　D.6个月

二、多项选择题

1.企业所得税将纳税人划分为居民企业和非居民企业，划分的标准有（　　）。

A.登记注册地标准　　B.实际管理机构地标准

C.总机构所在地标准　　D.国籍标准

2.判断以下企业中（　　）是居民企业。

A.格力电器股份有限公司　　B.微软公司中国办事处

C.伊利集团　　D.上海通用汽车有限公司（中美合资企业）

3.在我国设立机构、场所的非居民企业，就下列（　　）缴纳所得税。

A. 就其所设机构、场所取得的来源于中国境内的所得

B. 来源于中国境内外的全部所得

C. 来源于中国境内与其所设机构、场所有实际联系的所得

D. 来源于中国境外与其所设机构、场所没有实际联系的所得

4.下面列有关企业所得税税率说法中正确的有（　　）。

A. 企业所得税的基本税率为25%

B. 符合条件的小型微利企业适用20%的税率

C. 符合条件的小型微利企业适用15%的税率

D. 国家需要重点扶持的高新技术企业适用15%的税率

5.下列收入中，应征收企业所得税的有（　　）。

A. 接受捐赠一台机器设备的收入

B. 销售产品收入

C. 国库券利息收入

D. 依法代政府收取的具有专项用途的财政资金

6.在计算应纳税所得额时，下列（　　）项目不得扣除。

A.诉讼费支出　　B.税收罚款

C.赞助支出　　D.工资支出

7.现行《企业所得税法》规定的企业所得税的税收优惠方式包括（　　）。

A.加计扣除　　B.加速折旧

C.减计收入　　D.减低税率

8.在企业所得税的税收优惠中，实行加计扣除的有（　　）。

A.国债利息收入　　B.企业安置残疾人员

C.研究开发费用　　D.购置环保专用设备

9.企业缴纳的下列保险金可以在税前直接扣除的有（　　）。

A.企业缴纳的财产保险费　　B.为职工缴纳的失业保险费

C.为职工缴纳的商业保险费　　D.为职工缴纳的养老保险费

10.企业的下列各项所得中，可以免征或减征企业所得税的有（　　）。

A. 从事农林牧渔业项目的所得

B. 从事符合条件的环境保护、节能节水项目的所得

C. 从事国家重点扶持的公共基础设施项目投资经营的所得

D. 接受捐赠所得

三、业务计算题

1. 亮美灯饰有限公司符合小型微利企业条件，2023年全年应纳税所得额为230万元。

要求：计算该公司本年度应缴纳的企业所得税。

2. 飞腾家具公司2023年度实现会计利润总额600万元，按税法规定，应调增应纳税所得额50万元，应调减应纳税所得额5万元，上年度应纳税所得额为-30万元，1～4季度已累计预缴所得税110万元，企业所得税的税率为25%。

要求：计算该公司本年度应补缴的企业所得税。

3. 兴华木业公司是符合条件的小型微利企业，2023年度实现会计利润总额80万元，实现销售收入500万元。有关的核算资料如下：

（1）发生管理费用65万元（其中包括业务招待费8万元）。

（2）全年已计入各项成本费用中的工资支出总额为50万元，发生工会经费支出0.6万元、职工福利费支出7.5万元、职工教育经费支出1.8万元。

要求：根据上述材料，按下列序号计算有关纳税事项，并列出计算过程。

（1）计算业务招待费超标准列支的数额。

（2）计算工会经费支出、职工福利费支出、职工教育经费支出超标准列支的数额。

（3）计算2023年度应补缴的企业所得税额（1～4季度已累计预缴所得税2万元）。

4. 华星陶瓷厂2023年度实现会计利润总额700万元，实现销售收入5 000万元，其他业务收入100万元。有关的核算资料如下：

（1）发生销售费用1 250万元（其中包括广告费1 000万元）。

（2）发生财务费用60万元（其中列有向其他企业拆借经营资金400万元，全年支付的利息40万元，已知同期银行贷款年利率为7.5%）。

要求：根据上述材料，按下列序号计算有关纳税事项，并列出计算过程。

（1）计算广告费超标准列支的数额。

（2）计算财务费用超标准列支的数额。

（3）计算2023年度应补缴的企业所得税额（1～4季度已累计预缴所得税140万元，上年度应税亏损30万元）。

5. 华美日化公司于2023年度实现主营业务收入7 500万元、其他业务收入300万元、营业外收入10万元、主营业务成本5 500万元、其他业务成本240万元，缴纳增值税125万元、消费税235万元、城市维护建设税23.45万元、教育费附加13.4万元、管理费用240万元（其中业务招待费145万元）、销售费用60万元、财务费用70万元、营业外支出200万元（其中公益性捐赠支出160万元）。

要求：根据上述材料，按下列序号计算有关纳税事项，并列出计算过程。

（1）计算2023年度会计利润总额。

（2）计算业务招待费超标准列支的数额。

（3）计算捐赠支出超标准列支的数额。

（4）计算2023年度应补缴的企业所得税额（1～4季度已累计预缴所得税240万元）。

参考答案

任务二　个人所得税

任务概要

本任务主要介绍个人所得税的基本要素和税额计算。通过学习，要求理解个人所得税的概念及特征，重点掌握个人所得税的基本法律规定以及应纳税额的计算，为税款的申报缴纳做好知识储备。

【任务导入】

车间主任老张问财务科小黄："小黄，为何我们几个同事8月份的个税税款比前7个月高出很多？工资还是那些工资，是不是你们给代扣错了？"

小黄："老张，您不知道吗？这主要是因为现在的个人所得税法采用了累计预扣法。如果您理解了累计预扣法的原理及计算方法后，这个问题就迎刃而解了。"

老张："是吗？我百思不得其解，快给我讲一讲，我好给他们说。"

任务准备

一、个人所得税的概念及特征

（一）个人所得税的概念

个人所得税是对个人（即自然人）的劳务和非劳务所得征收的一种税。

（二）个人所得税的特征

1.实行综合与分类相结合

我国现行个人所得税采用综合与分类相结合的征收办法，个人所得税对综合所得实行综合征收，对其他所得实行分类征收。

2.累进税率与比例税率相结合

应税所得项目中，工资、薪金所得等综合所得，经营所得适用超额累进税率；利息、股息、红利所得，财产租赁所得，财产转让所得，偶然所得等均适用比例税率。

3.代扣代缴与自行申报相结合

个人所得税以所得人为纳税人，以支付所得的单位或者个人为扣缴义务人。纳税人的应纳税额分别采取由支付单位和个人源泉扣缴、纳税人自行申报两种方法。

二、个人所得税的基本要素

（一）纳税人

个人所得税的纳税人是指在中国境内有住所，或者无住所而在中国境内居住满1年的个人，包括中国公民、个体工商业户、个人独资企业、合伙企业投资者以及在中国有所得的外籍人员和中国港、澳、台同胞。

依据其住所和居住时间两个标准，纳税人分为居民纳税义务人和非居民纳税义务人。

1.居民纳税义务人

居民纳税义务人是指在中国境内有住所，或者无住所而在境内居住满183天的个人。居民纳税人负有完全纳税的义务，原则上就其来源于中国境内、境外的全部所得缴纳个人所得税。

2.非居民纳税义务人

非居民纳税义务人是指在中国境内无住所又不居住，或者无住所而在境内居住不满183天但从境内取得所得的个人。非居民纳税义务人承担有限纳税义务，仅就其来源于中国境内的所得缴纳个人所得税。

☞ 税思育人·税规律心

在中国境内有住所的个人的“住所”是如何判定的?

在中国境内有住所的个人，是指因户籍、家庭、经济利益关系而在中国境内习惯性居住的个人。所谓习惯性居住，是指判定纳税义务人是居民或非居民的一个法律意义上的标准，不是指实际居住或在某一个特定时期内的居住地。例如，因学习、工作、探亲、旅游等而在中国境外居住的，在其原因消除之后，必须回到中国境内居住的个人，则中国即为该纳税人习惯性居住地。

临时离境，不扣减日数。“临时离境”，是指在一个纳税年度中一次不超过30日或者多次累计不超过90日的离境。

【学中练·例3-11】英国人史密斯，属于非居民纳税人，2023年度发生下列收入：

（1）在中国境内任职取得的工资、薪金收入。

（2）出租境外房屋而取得的收入。

（3）从中国境外的企业取得的红利收入。

（4）因履行合约而在中国境外提供各种劳务取得的报酬。

要求：分析这些收入是否应在中国按规定计算缴纳个人所得税。

【解析】因为非居民纳税人只就其来源于中国境内的所得缴纳个人所得税，上述4项收入中只有第1项是属于来源于中国境内的所得，所以应按规定在中国计算缴纳个人所得税。其余3项收入均不属于来源于中国境内的所得，因此不用在中国缴纳个人所得税。

☞ 税思育人·税案警心

英国一名富翁私人飞机上睡觉避税

一名富翁每年时常乘坐私人飞机进出英国空域，在空中度过午夜，不为享受奢侈生活，只求避免纳税。

按照规定，每年在英国停留时间平均超过91天，需要纳税。

英国前首相戴维·卡梅伦的助手莎拉·萨瑟恩披露，一名支持执政党保守党的富翁“有时乘喷气式飞机出国，半夜后飞回来，所以，就不算一整天”。

她说，那名富翁非常有钱，只要能尽量在英国“白待”，逃避大笔税收，不在乎飞行花费，号称“你可以每周在私人喷气机上睡3晚，想干什么就干什么。整个世界都是你的”。

2010年以前，进入或离开英国的当天不计入停留时间，因而那名富翁每飞一晚可以“节省”两天。英国税务当局随后修改规定，如果当天入境，待到午夜，算作一天。

（二）征收范围

《中华人民共和国个人所得税法》列举了9项个人应税所得。

1.工资、薪金所得

工资、薪金所得，是指个人因任职或者受雇取得的工资、薪金、奖金、年终加薪、劳动分红、津贴、补贴以及与任职或者受雇有关的其他所得。

2.劳务报酬所得

劳务报酬所得，是指个人从事劳务取得的所得，包括从事设计、装潢、安装、制图、化验、测试、医疗、法律、会计、咨询、讲学、新闻、广播、翻译、审稿、书画、雕刻、影视、录音、录像、演出、表演、广告、展览、技术服务、介绍服务、经纪服务、代办服务以及其他劳务取得的所得。

在实际操作过程中，还可能出现难以判定一项所得是属于工资、薪金所得，还是属于劳务报酬所得的情况。这两者的区别在于：工资、薪金所得是属于非独立个人劳务活动，即在机关、团体、学校、部队、企业、事业单位及其他组织中任职、受雇而得到的报酬；而劳务报酬所得，则是个人独立从事各种技艺、提供各种劳务取得的报酬。

【学中练·例3-12】张教授是某大学教授，2023年每月工资11 500元，6月受邀到企业举办知识讲座，取得培训费20 000元。

要求：分析张教授的两项所得。

【解析】张教授受雇于某大学，其每月11 500元的工资属于工资、薪金所得，每月应按工资、薪金所得纳税；举办培训讲座取得的20 000元出场费，是其独立个人劳务活动，属于劳务报酬所得，应按劳务报酬所得纳税。

3.稿酬所得

稿酬所得，是指个人因其作品以图书、报刊形式出版、发表而取得的所得。这里所说的作品，是指包括中外文字、图片、乐谱等能以图书、报刊方式出版、发表的作品。个人作品包括本人的著作、翻译的作品等。

4.特许权使用费所得

特许权使用费所得，是指个人提供专利权、商标权、著作权、非专利技术以及其他特许权的使用权取得的所得。提供著作权的使用权取得的所得，不包括稿酬所得。

5.经营所得

经营所得是指：

（1）个人通过在中国境内注册登记的个体工商户、个人独资企业、合伙企业从事生产、经营活动取得的所得。

（2）个人依法取得执照，从事办学、医疗、咨询以及其他有偿服务活动取得的所得。

（3）个人承包、承租、转包、转租取得的所得。

（4）个人从事其他生产、经营活动取得的所得。

6.利息、股息、红利所得

利息、股息、红利所得，是指个人拥有债权、股权等而取得的利息、股息、红利性质的所得。利息，是指个人的存款利息、贷款利息和购买各种债券的利息。股息，也称股利，是指股票持有人根据股份制公司章程规定，凭股票定期从股份公司取得的投资利益。红利，也称公司（企业）分红，是指股份公司或企业根据应分配的利润，按股份分配的超过股息部分的利润。股份制企业以股票形式向股东个人支付股息、红利，即派发红股，应以派发的股票面额为收入额计税。

7.财产租赁所得

财产租赁所得，是指个人出租不动产、土地使用权、机器设备、车船以及其他财产而取得的所得。

8.财产转让所得

财产转让所得，是指个人转让有价证券、股权、合伙企业中的财产份额、不动产、土地使用权、机器设备、车船以及其他财产取得的所得。股票转让所得暂免征税。

9.偶然所得

偶然所得，是指个人得奖、中奖、中彩以及其他偶然性质的所得。个人购买社会福利有奖募捐奖券、中国体育彩票，一次中奖收入不超过10 000元的，暂免征收个人所得税，超过10 000元的，应以全额按“偶然所得”项目计税。

【学中思】请了解一下你的家人或亲友，一般会涉及哪几类所得？

（三）税率

依据所得项目，个人所得税采取超额累进税率和比例税率两种，其中预扣预缴时适用预扣率。

1.居民个人综合所得，适用3%~45%的超额累进税率（见表3-3）。

表3-3　个人所得税税率表

（综合所得适用）

级数	全年应纳税所得额	税率（%）	速算扣除数/元
1	不超过36 000元的	3	0
2	超过36 000元至144 000元的部分	10	2 520
3	超过144 000元至300 000元的部分	20	16 920
4	超过300 000元至420 000元的部分	25	31 920
5	超过420 000元至660 000元的部分	30	52 920
6	超过660 000元至960 000元的部分	35	85 920
7	超过960 000元的部分	45	181 920

2.居民个人工资、薪金所得预扣预缴税额，适用3%~45%的超额累进预扣率（见表3-4）。

表3-4 个人所得税预扣率表

（居民个人工资、薪金所得预扣预缴适用）

级数	累计预扣预缴应纳税所得额	预扣率（%）	速算扣除数/元
1	不超过36 000元的	3	0
2	超过36 000元至144 000元的部分	10	2 520
3	超过144 000元至300 000元的部分	20	16 920
4	超过300 000元至420 000元的部分	25	31 920
5	超过420 000元至660 000元的部分	30	52 920
6	超过660 000元至960 000元的部分	35	85 920
7	超过960 000元的部分	45	181 920

3.经营所得，适用5%~35%的超额累进税率（见表3-5）。

表3-5 个人所得税税率表

（经营所得适用）

级数	全年应纳税所得额	税率（%）	速算扣除数/元
1	不超过30 000元的	5	0
2	超过30 000元至90 000元的部分	10	1 500
3	超过90 000元至300 000元的部分	20	10 500
4	超过300 000元至500 000元的部分	30	40 500
5	超过500 000元的部分	35	65 500

自2023年1月1日至2027年12月31日，对个体工商户年应纳税所得额不超过200万元的部分，减半征收个人所得税。个体工商户在享受现行其他个人所得税优惠政策的基础上，可叠加享受此项优惠政策。个体工商户不区分征收方式，均可享受。

4.居民个人劳务报酬所得，适用20%~40%的超额累进预扣率（见表3-6）。

表3-6 个人所得税预扣率表

（居民个人劳务报酬所得预扣预缴适用）

级数	预扣预缴应纳税所得额	预扣率（%）	速算扣除数/元
1	不超过20 000元的	20	0
2	超过20 000元至50 000元的部分	30	2 000
3	超过50 000元的部分	40	7 000

5.非居民个人工资、薪金所得，劳务报酬所得，稿酬所得，特许权使用费所得，适用3%~45%的超额累进税率（见表3-7）。

表3-7　　个人所得税税率表

（非居民个人工资、薪金所得，劳务报酬所得，稿酬所得，特许权使用费所得适用）

级数	应纳税所得额	税率（%）	速算扣除数/元
1	不超过3 000元的	3	0
2	超过3 000元至12 000元的部分	10	210
3	超过12 000元至25 000元的部分	20	1 410
4	超过25 000元至35 000元的部分	25	2 660
5	超过35 000元至55 000元的部分	30	4 410
6	超过55 000元至80 000元的部分	35	7 160
7	超过80 000元的部分	45	15 160

6.利息、股息、红利所得，财产租赁所得，财产转让所得和偶然所得，适用比例税率，税率为20%。个人出租房屋取得的所得暂减按10%的税率征收个人所得税。

三、个人所得税的计算

（一）应纳税所得额的确定

个人所得税的计税依据是纳税人取得的应纳税所得额，应纳税所得额为个人取得的各项收入减去税法规定的扣除项目金额后的余额。

个人所得的形式包括现金、实物、有价证券和其他形式的经济利益。

1.居民个人的综合所得

居民个人的综合所得，以每一纳税年度的收入额减除费用60 000元以及专项扣除、专项附加扣除和依法确定的其他扣除后的余额为应纳税所得额。

劳务报酬所得、稿酬所得、特许权使用费所得以收入减除20%的费用后的余额为所得额。稿酬所得的收入额减按70%计算。

（1）专项扣除

专项扣除包括居民个人按照国家规定的范围和标准缴纳的基本养老保险、基本医疗保险、失业保险等社会保险费和住房公积金等。

【学中思】专项扣除为什么不包括生育保险和工伤保险？

（2）专项附加扣除

专项附加扣除，是指按照税法规定的婴幼儿照护、子女教育、继续教育、大病医疗、住房贷款利息、住房租金和赡养老人7项专项附加扣除。

① 3岁以下婴幼儿照护专项附加扣除

纳税人照护3岁以下婴幼儿子女的相关支出，按照每个婴幼儿每月2 000元的标准定额扣除。

3岁以下婴幼儿照护，为婴幼儿出生的当月至年满3周岁的前一个月。

父母可以选择由其中一方按扣除标准的100%扣除，也可以选择由双方分别按扣除标准的50%扣除，具体扣除方式在一个纳税年度内不能变更。

② 子女教育专项附加扣除

纳税人的子女接受学前教育和学历教育的相关支出，按照每个子女每年24 000元（每月2 000元）的标准定额扣除。

学前教育包括年满3岁至小学入学前教育。学历教育包括义务教育（小学、初中教育）、高中阶段教育（普通高中、中等职业、技工教育）、高等教育（大学专科、大学本科、硕士研究生、博士研究生教育）。

受教育子女的父母分别按扣除标准的50%扣除；经父母约定，也可以选择由其中一方按扣除标准的100%扣除。具体扣除方式在一个纳税年度内不得变更。

③ 继续教育专项附加扣除

纳税人接受学历（学位）继续教育的支出，在学历（学位）教育期间按照每年4 800元（每月400元）定额扣除。纳税人接受技能人员职业资格继续教育、专业技术人员职业资格继续教育支出，在取得相关证书的年度，按照每年3 600元定额扣除。个人接受同一学历（学位）教育事项，符合相关办法规定扣除条件的，该项教育支出可以由其父母按照子女教育支出扣除，也可以由本人按照继续教育支出扣除，但不得同时扣除。

【学中思】想一想，目前你家的兄弟姐妹正处于哪个成长阶段？

④ 大病医疗专项附加扣除

一个纳税年度内，在社会医疗保险管理信息系统记录（包括医保目录范围内的自付部分和医保目录范围外的自费部分）的由个人负担超过15 000元的医药费用支出部分，为大病医疗支出，可以按照每年80 000元标准限额据实扣除。大病医疗专项附加扣除由纳税人办理汇算清缴时扣除。

纳税人发生的大病医疗支出由纳税人本人扣除，纳税人应当留存医疗服务收费相关票据原件（或复印件）。

⑤ 住房贷款利息专项附加扣除

纳税人本人或配偶使用商业银行或住房公积金个人住房贷款为本人或其配偶购买住房，发生的首套住房贷款利息支出，在偿还贷款期间，可以按照每年12 000元（每月1 000元）的标准定额扣除。非首套住房贷款利息支出，纳税人不得扣除。纳税人只能享受一次首套住房贷款利息扣除。

经夫妻双方约定，可以选择由其中一方扣除，具体扣除方式在一个纳税年度内不得变更。

纳税人应当留存住房贷款合同、贷款还款支出凭证。

⑥住房租金专项附加扣除

纳税人本人及其配偶在纳税人的主要工作城市没有住房，而在主要工作城市租赁住房发生的租金支出，可以按照以下标准定额扣除：

承租的住房位于直辖市、省会城市、计划单列市以及国务院确定的其他城市，扣除标准为每年18 000元（每月1 500元）；

承租的住房位于其他城市的，市辖区户籍人口超过100万的，扣除标准为每年13 200元（每月1 100元）；

承租的住房位于其他城市的，市辖区户籍人口不超过100万（含）的，扣除标准为每年9 600元（每月800元）。

夫妻双方主要工作城市相同的，只能由一方扣除住房租金支出。夫妻双方主要工作城市不相同的，且各自在其主要工作城市都没有住房的，可以分别扣除住房租金支出。

住房租金支出由签订租赁住房合同的承租人扣除，纳税人应当留存住房租赁合同。

纳税人及其配偶不得同时分别享受住房贷款利息专项附加扣除和住房租金专项附加扣除。

⑦赡养老人专项附加扣除

纳税人赡养60岁（含）以上父母以及其他法定赡养人的赡养支出，可以按照以下标准定额扣除：

纳税人为独生子女的，按照每年36 000元（每月3 000元）的标准定额扣除。

纳税人为非独生子女的，应当与其兄弟姐妹分摊每年36 000元的扣除额度，分摊方式包括平均分摊、被赡养人指定分摊或者赡养人约定分摊，具体分摊方式在一个纳税年度内不得变更。采取指定分摊或约定分摊方式的，每一纳税人分摊的扣除额最高不得超过每年18 000元（每月15 000元），并签订书面分摊协议。指定分摊优先于约定分摊。纳税人赡养2位及以上老人的，不按老人人数加倍扣除。

（3）其他扣除

其他扣除包括个人缴付符合国家规定的企业年金、职业年金，个人购买符合国家规定的商业健康保险、税收递延型商业养老保险的支出，以及国务院规定可以扣除的其他项目。

对个人购买符合规定的商业健康保险产品的支出，允许在当年（月）计算应纳税所得额时予以税前扣除，扣除限额为2 400元/年（200元/月）。单位统一为员工购买符合规定的商业健康保险产品的支出，应分别计入员工个人工资、薪金，视同个人购买，按上述限额予以扣除。

按照国家规定，单位为个人缴付的“三险一金”可以从纳税义务人的应纳税所得额中扣除。

专项扣除、专项附加扣除和依法确定的其他扣除，以居民个人一个纳税年度的应纳税所得额为限额。一个纳税年度扣除不完的，不结转以后年度扣除。

☞ 税思育人·税规律心

财政部　税务总局关于个人养老金有关个人所得税政策的公告

（财政部　税务总局公告2022年第34号）

为贯彻落实《国务院办公厅关于推动个人养老金发展的意见》（国办发〔2022〕7号）有关要求，现就个人养老金有关个人所得税政策公告如下：

自2022年1月1日起，对个人养老金实施递延纳税优惠政策。在缴费环节，个人向个人养老金资金账户的缴费，按照12 000元/年的限额标准，在综合所得或经营所得中据实扣除；在投资环节，计入个人养老金资金账户的投资收益暂不征收个人所得税；在领取环节，个人领取的个人养老金，不并入综合所得，单独按照3%的税率计算缴纳个人所得税，其缴纳的税款计入“工资、薪金所得”项目。

2.非居民个人的工资、薪金所得

非居民个人的工资、薪金所得，以每月收入额减除费用5 000元后的余额为应纳税所得额；劳务报酬所得、稿酬所得、特许权使用费所得，以每次收入额为应纳税所得额。劳务报酬所得、稿酬所得、特许权使用费所得以收入减除20%的费用后的余额为收入额；其中，稿酬所得的收入额减按70%计算。

3.经营所得

经营所得，以每一纳税年度的收入总额减除成本、费用以及损失后的余额为应纳税所得额。

成本、费用，是指个体工商户、个人独资企业、合伙企业以及个人从事其他生产、经营活动发生的各项直接支出和分配计入成本的间接费用以及销售费用、管理费用、财务费用。损失，是指个体工商户、个人独资企业、合伙企业以及个人从事其他生产经营活动发生的固定资产和存货的盘亏、毁损、报废损失，转让财产损失，坏账损失，自然灾害等不可抗力因素造成的损失以及其他损失。

个体工商户业主、个人独资企业投资者、合伙企业个人合伙人以及从事其他生产、经营活动的个人，没有综合所得的，以其每一纳税年度来源于个体工商户、个人独资企业、合伙企业以及其他生产、经营活动的所得，减除费用60 000元、专项扣除以及依法确定的其他扣除后的余额为应纳税所得额。

个体工商户、个人独资企业、合伙企业以及个人从事其他生产、经营活动，未提供完整、准确的纳税资料，不能正确计算应纳税所得额的，由主管税务机关核定其应纳税所得额。

4.财产租赁所得

财产租赁所得，每次收入不超过4 000元的，减除费用800元；4 000元以上的，减除20%的费用，其余额为应纳税所得额。

在确定财产租赁的应纳税所得额时，纳税人在出租财产过程中缴纳的税金和教育费附加，可持完税（缴款）凭证，从其财产租赁收入中扣除。除了规定费用和有关税费外，还准予扣除能够提供有效、准确凭证，证明由纳税人负担的该出租财产实际开支的修缮费用。允许扣除的修缮费用以每次800元为限。一次扣除不完的，准予在下一次继续扣除，直到扣完为止。

5.财产转让所得

财产转让所得，以转让财产的收入额减除财产原值和合理费用后的余额，为应纳税所得额。

6.利息、股息、红利所得和偶然所得

利息、股息、红利所得和偶然所得，以每次收入额为应纳税所得额。

7.应纳税额所得额确定的其他规定

（1）公益捐赠支出扣除

个人通过境内公益性社会组织、县级以上人民政府及其部门等国家机关，向教育、扶贫、济困等公益慈善事业的捐赠，发生的公益捐赠支出，可以在计算应纳税所得额时扣除。

居民个人发生的公益捐赠支出可以在财产租赁所得、财产转让所得、利息股息红利所得、偶然所得等分类所得、综合所得或者经营所得中扣除。

居民个人发生的公益捐赠支出，在综合所得、经营所得中扣除的，扣除限额分别为当年综合所得、当年经营所得应纳税所得额的30%；在分类所得中扣除的，扣除限额为当月分类所得应纳税所得额的30%。

其中，居民个人在综合所得中扣除公益捐赠支出的，居民个人取得工资薪金所得，可以选择在预扣预缴时扣除，也可以选择在年度汇算清缴时扣除；居民个人取得劳务报酬所得、稿酬所得、特许权使用费所得的，预扣预缴时不扣除公益捐赠支出，统一在汇算清缴时扣除。

非居民个人发生的公益捐赠支出，未超过其在公益捐赠支出发生的当月应纳税所得额30%的部分，可以从其应纳税所得额中扣除。

国务院规定对公益慈善事业捐赠实行全额税前扣除的，从其规定。

纳税人未通过中国境内的社会团体、国家机关而直接给受益人的捐赠，不得扣除。

【学中思】你所了解的热衷于公益慈善事业的人物有哪些？说说看。

【学中练·例3-13】李先生于2023年11月将闲置房屋一座转让，售价300 000元，原购买价250 000元，卖房过程中缴纳有关费用10 000元（买卖价格中均不含增值税），通过公益性社会团体捐给贫困地区8 000元。

要求：计算李先生应缴纳的个人所得税。

【解析】应纳税所得额=300 000−250 000−10 000=40 000（元）

扣除限额=40 000×30%=12 000（元）

因为8 000元＜12 000元，所以税前准予扣除8 000元。

应纳税额=（40 000−8 000）×20%=6 400（元）

（2）关于每次收入的确定

①劳务报酬所得、稿酬所得和特许权使用费所得，属于一次性收入的，以取得该项收入为一次。属于同一项目连续性收入的，以一个月内取得的收入为1次。

②财产租赁所得，以一个月内取得的收入为1次。

③利息、股息、红利所得，以支付利息、股息、红利时取得的收入为1次。

④偶然所得，以每次取得该项收入为1次。

（二）应纳税额的计算

1.综合所得应纳税额的计算

扣缴义务人向居民个人支付工资、薪金所得，劳务报酬所得，稿酬所得，特许权使用费所得时，应预扣预缴个人所得税。年度预扣预缴税额与年度应纳税额不一致的，由居民个人于次年3月1日至6月30日向主管税务机关办理综合所得年度汇算清缴，税款多退少补。

（1）工资、薪金所得预扣预缴税额的计算

扣缴义务人向居民个人支付工资、薪金所得时，应当按照累计预扣法计算预扣税款，并按月办理全员全额扣缴申报。其计算公式为：

本期应预扣预缴税额=（累计预扣预缴应纳税所得额×预扣率−速算扣除数）−累计减免税额−累计已预扣预缴税额

累计预扣预缴应纳税所得额=累计收入−累计免税收入−累计减除费用−累计专项扣除−累计专项附加扣除−累计依法确定的其他扣除

其中：累计减除费用，按照5 000元/月乘以纳税人当年截至本月在本单位的任职受雇月份数计算。

【学中思】预扣预缴与代扣代缴是一回事吗？思考一下有什么不同。

【学中练·例3-14】2023年1月—3月份，某公司职工孙先生每月取得工资收入为18 000元，每月“三险一金”专项扣除为2 500元，每月专项附加扣除为2 000元。

要求：计算孙先生2023年1月—3月份应预扣预缴的个人所得税。

【解析】（1）1月份应纳税额=（18 000−5 000−2 500−2 000）×3%=255（元）

（2）2月份应纳税额=（18 000×2−5 000×2−2 500×2−2 000×2）×3%−255=255（元）

（3）3月份应纳税额=（18 000×3−5 000×3−2 500×3−2 000×3）×3%−255−255=255（元）

居民个人取得全年一次性奖金，在2027年12月31日前，可以选择不并入当年综合所得，以全年一次性奖金收入除以12个月得到的数额，按照个人所得税税率表（表3-6），确定适用税率和速算扣除数，单独计算纳税。其计算公式为：

应纳税额=全年一次性奖金收入×适用税率−速算扣除数

【学中练·例3-15】中国公民张先生2023年12月份取得年终一次性奖金25 000元，选择单独计算纳税。

要求：计算张先生年终一次性奖金应缴纳的个人所得税。

【解析】确定适用的税率及速算扣除数：25 000÷12=2 083.33（元），由此得知适用税率为3%，速算扣除数为0。

应纳所得税额=25 000×3%=750（元）

（2）劳务报酬所得预扣预缴税额的计算

每次收入不超过4 000元的，减除费用800元，4 000元以上的，减除20%的费用，其余额为应纳税所得额。其计算公式为：

① 每次收入不足4 000元的：

应预扣预缴税额=（每次收入额−800）×20%

② 每次收入在4 000元以上的：

应预扣预缴税额=每次收入额×（1−20%）×适用税率−速算扣除数

【学中练·例3-16】魔术表演家钱先生于2023年12月一次取得魔术表演收入60 000元。

要求：计算钱先生应预扣预缴的个人所得税。

【解析】应预扣预缴税额=60 000×（1−20%）×30%−2 000=12 400（元）

（3）稿酬所得预扣预缴税额的计算

每次收入不超过4 000元的，减除费用800元，再乘减70%；4 000元以上的，减除20%的费用，再乘减70%，其余额为应纳税所得额。其计算公式为：

①每次收入不足4 000元的：

应预扣预缴税额=（每次收入额-800）×70%×20%

②每次收入在4 000元以上的：

应预扣预缴税额=每次收入额×（1-20%）×70% ×20%

【学中练·例3-17】某大学教授2023年11月份因撰写长篇小说一部，取得稿酬收入25 000元。

要求：计算该教授应预扣预缴的个人所得税。

【解析】应预扣预缴税额=25 000×（1-20%）×70%×20%=2 800（元）

（4）特许权使用费所得预扣预缴税额的计算

每次收入不超过4 000元的，减除费用800元；4 000元以上的，减除20%的费用，其余额为应纳税所得额。其计算公式为：

①每次收入不足4 000元的：

应预扣预缴税额=（每次收入额-800）×20%

②每次收入在4 000元以上的：

应预扣预缴税额=每次收入额×（1-20%）×20%

（5）综合所得应纳税额的计算

年度终了后，纳税人需要汇总上年度取得的工资薪金、劳务报酬、稿酬、特许权使用费等四项综合所得的收入额，减除费用6万元以及专项扣除、专项附加扣除、依法确定的其他扣除后，适用综合所得个人所得税税率，计算最终应纳税额，再减去已预缴税额，得出应退或应补税额，向税务机关申报并办理退税或补税。其计算公式为：

全年应纳税所得额=年度综合收入额-60 000-专项扣除-专项附加扣除-其他扣除

其中，$\text{年度综合收入额}=\text{工资薪金所得}+\text{劳务报酬所得}\times(1-20\%)+\text{特许权使用费所得}\times(1-20\%)+\text{稿酬所得}\times(1-20\%)\times70\%$

应补（退）税额=（全年应纳税所得额×税率-速算扣除数）-累计已预扣预缴税额

【学中练·例3-18】某公司工程师黄先生，2023年扣除“三险一金”后共取得工资收入129 600元，取得劳务报酬收入20 000元，取得稿酬收入5 000元，转让专利取得收入20 000元。符合条件的专项附加扣除共计62 400元。累计已预缴的个人所得税额为7 176元。

要求：请计算黄先生2023年应补（退）个人所得税额。

【解析】年度收入总额=129 600 +20 000×（1-20%）+5 000×（1-20%）×70%+20 000×（1-20%）

=164 400（元）

全年应纳税所得额=164 400-60 000-5 000×12=42 000（元）

全年应补（退）个人所得税额=（42 000×10%-2 520）-7176=-5 496（元）

黄先生可申请退税5 496元。

2.经营所得应纳税额的计算

经营所得应纳税额的计算公式为：

应纳税额=应纳税所得额×适用税率-速算扣除数

应纳税所得额=全年收入总额-成本、费用及损失

3.财产租赁所得应纳税额的计算

个人出租财产时，每次收入额不含增值税，计算财产租赁所得可扣除的税费不包括本次出租缴纳的增值税。

准予扣除的项目除了规定的费用和有关税费外，个人出租房屋还准予扣除能够提供有效、准确凭证，证明由纳税人负担的该出租财产实际开支的修缮费用。允许扣除的修缮费用以每次800元为限，一次扣除不完的，准予在下一次继续扣除，直到扣完为止。

财产租赁所得应纳税额的计算公式为：

（1）每次收入不足4 000元的：

应纳个人所得税额=（每次收入额-准予扣除项目-修缮费用-800）×20%

（2）每次收入在4 000元以上的：

应纳个人所得税额=（每次收入额-准予扣除项目-修缮费用）×（1-20%）×20%

个人出租房屋取得的所得暂减按10%的税率征收个人所得税。

【学中练·例3-19】中国居民张先生于2023年11月发生修缮费用1 200元，11月将房屋出租取得房租收入3 000元，12月将房屋出租取得房租收入3 000元。

要求：计算张先生应缴纳的个人所得税。

【解析】11月份应纳税额=（3 000-800-800）×10%=140（元）

12月份应纳税额=［（3 000-800-（1 200-800）］×10%=180（元）

4.财产转让所得应纳税额的计算

财产转让所得应纳税额的计算公式为：

应纳税额=（收入总额-财产原值-合理税费）×20%

个人转让房屋的个人所得税应税收入不含增值税，其取得房屋时所支付价款中包含的增值税计入财产原值，计算转让所得时可扣除的税费不包括本次转让缴纳的增值税。

【学中练·例3-20】中国公民孙先生于2023年12月转让住房一套，取得转让收入820 000元（不含增值税）。该套住房购进时的原价为680 000元，转让时支付有关税费20 000元。

要求：计算孙先生应缴纳的个人所得税。

【解析】应纳税额=（820 000-680 000-20 000）×20%=24 000（元）

5.利息、股息、红利所得和偶然所得应纳税额的计算

利息、股息、红利所得，偶然所得应纳税额的计算公式为：

应纳税额=每次收入额×20%

【学中练·例3-21】陈女士于2023年11月18日购买50元刮刮乐彩票，中奖30 000元。

要求：计算陈女士应缴纳的个人所得税。

【解析】应纳税额=30 000×20%=6 000（元）

6.境外税收抵免

居民个人从中国境外取得的所得，可以从其应纳税额中抵免已在境外缴纳的个人所得税税额，但抵免额不得超过该纳税人境外所得依照我国税法规定计算的应纳税额。

四、个人所得税的税收优惠

下列各项个人所得，免征个人所得税：

（1）省级人民政府、国务院部委和中国人民解放军军以上单位，以及外国组织、国际组织颁发的科学、教育、技术、文化、卫生、体育、环境保护等方面的奖金。

（2）国债和国家发行的金融债券利息。

（3）按照国家统一规定发给的补贴、津贴。

（4）福利费、抚恤金、救济金。

（5）保险赔款。

（6）军人的转业费、复员费、退役金。

（7）按照国家统一规定发给干部、职工的安家费、退职费、基本养老金或者退休费、离休费、离休生活补助费。

（8）依照有关法律规定应予免税的各国驻华使馆、领事馆的外交代表、领事官员和其他人员的所得。

（9）中国政府参加的国际公约、签订的协议中规定免税的所得。

（10）国务院规定的其他免税所得。

五、个人所得税的征收管理

（一）征收办法

个人所得税实行自行申报和代扣代缴两种征收办法。

个人所得税以所得人为纳税人，以支付所得的单位或者个人为扣缴义务人。

纳税人有中国公民身份号码的，以中国公民身份号码为纳税人识别号；纳税人没有中国公民身份号码的，由税务机关赋予其纳税人识别号。扣缴义务人扣缴税款时，纳税人应当向扣缴义务人提供纳税人识别号。

1.自行申报

自行申报是指由纳税人自行在税法规定的纳税期限内，向税务机关申报取得的应税所得项目和数额，如实填写个人所得税纳税申报表，并按照税法规定计算应纳税额，据此缴纳个人所得税的一种方法。

自行申报的情形包括：

（1）取得综合所得需要办理汇算清缴。

（2）取得应税所得没有扣缴义务人。

（3）取得应税所得，扣缴义务人未扣缴税款。

（4）取得境外所得。

（5）因移居境外注销中国户籍。

（6）非居民个人在中国境内从两处以上取得工资、薪金所得。

（7）国务院规定的其他情形。

2.代扣代缴

代扣代缴是指按照税法规定负有扣缴义务的单位或个人，在向个人支付应纳税所得时，应计算应纳税额，从其所得中扣除并缴入国库，同时向税务机关报送扣缴个人所得税报告表。

（1）全员全额扣缴申报

扣缴义务人应当按照规定办理全员全额扣缴申报。

全员全额扣缴申报是指扣缴义务人在代扣税款的次月15日内，向主管税务机关报送其支付所得的所有个人的有关信息、支付所得数额、扣除事项和数额、扣缴税款的具体数额和总额以及其他相关涉税信息资料。

扣缴义务人应当按照纳税人提供的信息计算办理扣缴申报，不得擅自更改纳税人提供的信息。

扣缴义务人首次向纳税人支付所得时，应当按照纳税人提供的纳税人识别号等基础信息，填写个人所得税基础信息表（A表），并于次月扣缴申报时向主管税务机关报送。

扣缴义务人对纳税人向其报告的相关基础信息变化情况，应当于次月扣缴申报时向主管税务机关报送。

居民个人取得工资、薪金所得时，可以向扣缴义务人提供专项附加扣除有关信息，由扣缴义务人扣缴税款时减除专项附加扣除。纳税人同时从两处以上取得工资、薪金所得，并由扣缴义务人减除专项附加扣除的，对同一专项附加扣除项目，在一个纳税年度内只能选择从一处取得的所得中减除。

对扣缴义务人按照所扣缴的税款，付给2%的手续费。

（2）全员全额扣缴申报的范围

实行个人所得税全员全额扣缴申报的应税所得包括：

① 工资、薪金所得。

② 劳务报酬所得。

③ 稿酬所得。

④ 特许权使用费所得。

⑤ 利息、股息、红利所得。

⑥ 财产租赁所得。

⑦ 财产转让所得。

⑧ 偶然所得。

【学中思】全员全额扣缴申报仅限于工资薪金所得吗？哪些所得不属于扣缴的范围？

（二）汇算清缴

1.取得综合所得需要办理汇算清缴的纳税申报

取得综合所得需要办理汇算清缴的情形包括：

（1）从两处以上取得综合所得，且综合所得年收入额减除专项扣除的余额超过6万元。

（2）取得劳务报酬所得、稿酬所得、特许权使用费所得中一项或者多项所得，且综合所得年收入额减除专项扣除的余额超过6万元。

（3）纳税年度内预缴税额低于应纳税额。

（4）纳税人申请退税。

纳税人可以委托扣缴义务人或者其他单位和个人办理汇算清缴。

需要办理汇算清缴的纳税人，应当在取得所得的次年3月1日至6月30日内，向任职、受雇单位所在地主管税务机关办理纳税申报，并报送“个人所得税年度自行纳税申报表”。

纳税人有两处以上任职、受雇单位的，选择向其中一处任职、受雇单位所在地主管税务机关办理纳税申报；纳税人没有任职、受雇单位的，向户籍所在地或经常居住地主管税务机关办理纳税申报。

2024年1月1日—2027年12月31日居民个人取得的综合所得，年度综合所得收入不超过12万元且需要汇算清缴补税的，或者年度汇算清缴补税金额不超过400元的，居民个人可免于办理个人所得税综合所得汇算清缴。

2.取得经营所得的纳税申报

纳税人取得经营所得，按年计算个人所得税，由纳税人在月度或季度终了后15日内，向经营管理所在地主管税务机关办理预缴纳税申报，并报送个人所得税经营所得纳税申报表（A表）；在取得所得的次年3月31日前，向经营管理所在地主管税务机关办理汇算清缴，并报送个人所得税经营所得纳税申报表（B表）；从两处以上取得经营所得的，选择向其中一处经营管理所在地主管税务机关办理年度汇总申报，并报送个人所得税经营所得纳税申报表（C表）。

纳税人可以采用远程办税端、邮寄等方式申报，也可以直接到主管税务机关申报。

（三）纳税期限

居民个人取得综合所得，按年计算个人所得税；有扣缴义务人的，由扣缴义务人按月或者按次预扣预缴税款；需要办理汇算清缴的，应当在取得所得的次年3月1日—6月30日内办理汇算清缴。预扣预缴办法由国务院税务主管部门制定。

纳税人取得经营所得，按年计算个人所得税，由纳税人在月度或者季度终了后15日内向税务机关报送纳税申报表，并预缴税款；在取得所得的次年3月31日前办理汇算清缴。

纳税人取得利息、股息、红利所得，财产租赁所得，财产转让所得和偶然所得，按月或者按次计算个人所得税，有扣缴义务人的，由扣缴义务人按月或者按次代扣代缴税款。

纳税人取得应税所得没有扣缴义务人的，应当在取得所得的次月15日内向税务机关报送纳税申报表，并缴纳税款。

纳税人取得应税所得，扣缴义务人未扣缴税款的，纳税人应当在取得所得的次年6月30日前，缴纳税款；税务机关通知限期缴纳的，纳税人应当按照期限缴纳税款。

居民个人从中国境外取得所得的，应当在取得所得的次年3月1日—6月30日内申报纳税。

非居民个人在中国境内从两处以上取得工资、薪金所得的，应当在取得所得的次月15日内申报纳税。

扣缴义务人每月或者每次预扣、代扣的税款，应当在次月15日内缴入国库，并向主管税务机关报送扣缴个人所得税申报表。

纳税人因移居境外注销中国户籍的，应当在注销中国户籍前办理税款清算。

线上拓税

个人所得税的“前世今生”

任务训练

一、单项选择题

1. 税法规定，个人所得税的纳税人不包括（　　）。

A. 个体工商户　　B. 个人独资企业投资者

C. 有限责任公司　　D. 在中国境内有所得的外籍个人

2. 综合所得，适用的个人所得税税率为（　　）。

A. 5% ~ 20%　　B. 5% ~ 30%

C. 3% ~ 45%　　D. 3% ~ 50%

3. 个人出租不动产、土地使用权、机器设备、车船以及其他财产取得的所得为（　　）。

A. 财产转让所得　　B. 财产租赁所得

C. 偶然所得　　D. 特许权使用费所得

4. 下列所得不征收个人所得税的是（　　）。

A. 职工取得单位发放的奖金　　B. 个体户取得的经营收入

C. 差旅费津贴　　D. 劳务报酬所得

5. 居民个人每一纳税年度的综合所得，在计算应纳税所得额时，允许减除的基本费用扣除标准是（　　）元。

A. 60 000　　B. 5 000

C. 35 000　　D. 3 500

6. 在计算个人所得税时，大病医疗支出可以按照每年（　　）元标准限额据实扣除。

A. 60 000　　B. 80 000

C. 90 000　　D. 100 000

7. 在计算个人所得税时，纳税人为独生子女的，赡养60岁（含）以上父母以及其他法定赡养人的赡养支出，可以按照（　　）标准定额扣除。

A. 每年36 000元（每月3 000元）　　B. 每年24 000元（每月2 000元）

C. 每年9 600元（每月800元）　　D. 每年13 200元（每月1 100元）

8.下列各项中以每次收入额为应纳税所得额，不扣除任何费用的项目是（　　）。

A.工资薪金所得　　B.劳务报酬所得

C.经营所得　　D.偶然所得

9.对于省级人民政府颁发的科教、文卫、体育、环境保护等方面的奖金，应当（　　）。

A.征收个人所得税　　B.免征个人所得税

C.减半征收个人所得税　　D.适当减征个人所得税

10.个人进行公益、救济性质的捐赠，从应纳税所得额中扣除的比例最高可为（　　）。

A.30%　　B.3%

C.80%　　D.100%

二、多项选择题

1.个人所得税的纳税义务人包括（　　）。

A.在中国境内有住所的个人　　B.个体工商户

C.在中国境内有所得的境外人员　　D.在我国有讲学收入的外籍个人

2.下列个人所得中，适用20%比例税率的有（　　）。

A.工资薪金所得　　B.财产租赁所得

C.偶然所得　　D.全年一次性奖金

3.根据现行税法规定，下列所得可以免征个人所得税的有（　　）。

A.保险赔款　　B.财产转让所得

C.个人取得的储蓄存款利息所得　　D.军人转业费

4.下列各项所得中，适用超额累进税率计算个人所得税的有（　　）。

A.财产租赁所得　　B.综合所得

C.财产转让所得　　D.经营所得

5.下列各项所得中，按期计算个人所得税的有（　　）。

A.劳务报酬所得　　B.经营所得

C.利息、股息、红利所得　　D.工资薪金所得

6.居民个人的综合所得，以每一纳税年度的收入额减除（　　）后的余额，为应纳税所得额。

A.费用60 000元　　B.专项扣除

C.专项附加扣除　　D.依法确定的其他扣除

7.居民个人每一纳税年度的综合所得，在计算应纳税所得额时，允许减除的专项扣除包括（　　）。

A.基本养老保险　　B.基本医疗保险

C.失业保险　　D.住房公积金

8.居民个人每一纳税年度的综合所得，在计算应纳税所得额时，允许减除的专项附加扣除包括（　　）。

A.子女教育和继续教育支出　　B.住房贷款利息和住房租金支出

C.赡养老人支出　　D.大病医疗支出

9.某高校退休职工夏先生于2023年12月取得下列收入，可以免缴个人所得税

的有（　　）。

A. 退休工资3 750元　　B. 国债利息收入1 100元

C. 稿酬收入1 600元　　D. 省人民政府颁发的环保奖20 000元

10. 个人所得税需要自行申报纳税的情形包括（　　）。

A. 取得综合所得，需要办理汇算清缴

B. 取得应税所得，扣缴义务人未扣缴税款

C. 因移居境外注销中国户籍

D. 取得境外所得

三、业务计算题

1. 小孙2023年每月工资收入30 000元，“三险一金”扣除额为6 200元，父母都已年满60岁，按照规定，可以扣除赡养老人的3 000元专项扣除，并且有住房贷款要还，还可以扣除1 000元贷款利息。

要求：按照累计预扣法，分别计算小孙2023年1月、2月、3月应预扣预缴的个人所得税额。

2. 周先生是某科技公司的一名程序员，2023年扣除“三险一金”后共取得工资收入115 200元，取得劳务报酬收入8 000元，取得稿酬收入3 000元，允许扣除的专项扣除和专项附加扣除共计49 920元。累计已预缴的所得税额为1 746.4元。

请要求：计算周先生2023年应补（退）个人所得税额。

3. 中国公民王先生2023年度取得下列收入：

（1）向他人提供专利权使用，取得收入30 000元。

（2）周末赴外地讲学，取得报酬6 000元。

（3）出版小说一部，获得稿酬30 000元。

要求：计算王先生应预缴的个人所得税额。

4. 中国公民赵先生2023年度取得下列收入：

（1）出租住房，每月取得收入1 800元。

（2）年初投资于明月商务酒店，年底分红8 000元。取得一年期定期存款利息600元。

（3）将一座闲置房屋转让，售价300 000元，原购买价250 000元，卖房过程中缴纳有关费用10 000元（买卖价格中均不含增值税）。

（4）花50元购买刮刮乐彩票，中奖30 000元。

（5）取得车辆保险赔款25 000元。

要求：计算赵先生应预缴或应纳的个人所得税额。

参考答案

项目四　资源税制

知识目标

1. 理解资源税、城镇土地使用税、耕地占用税和土地增值税的概念及特征。

2. 掌握资源税、城镇土地使用税、耕地占用税和土地增值税的纳税人、征税范围和税率。

3. 掌握资源税、城镇土地使用税、耕地占用税和土地增值税应纳税额的计算方法。

能力目标

1. 能够界定资源税、城镇土地使用税、耕地占用税和土地增值税的纳税人。

2. 能够判断资源税、城镇土地使用税、耕地占用税和土地增值税的征税范围。

3. 能够计算资源税、城镇土地使用税、耕地占用税和土地增值税的应纳税额。

素养目标

1. 培养精益求精、一丝不苟的职业素养。

2. 培养敬畏自然、节约的意识。

3. 培养环保意识、绿色理念。

任务一　资源税

任务概要

本任务主要介绍资源税的基本要素和税额计算。通过学习，要求理解资源税的概念及特征，重点掌握资源税的基本法律规定以及应纳税额的计算。

【任务导入】

2019年8月26日，第十三届全国人大常委会第十二次会议通过中国首部资源税法。该法自2020年9月1日起施行，该法有利于更好地运用税收手段促进资源节约利用、加强生态环境保护，为绿水青山拉起了一张牢固的“保护网”。那么，资源税的征收范围是什么？税目、税率是怎样规定的？如何计算？

任务准备

一、资源税的概念及特征

（一）资源税的概念

资源税是对在我国领域及管辖海域及管辖的其他海域开发应税资源的单位和个人，以其应税产品的销售额、销售数量或自用数量为计税依据而征收的一种税。

（二）资源税的特征

1.征税范围为特定资源

现行资源税不是对全部资源征税，主要是选择对矿产资源和盐征税。自2016年7月1日起，陆续在河北等9个省（自治区、直辖市）对取用地表水或者地下水的单位和个人试点征收水资源税。

2.调节对象为级差收入

资源税通过对同一资源区别储存量多与少、开采条件好与坏等实行高低不同的差别幅度税率，可以调节资源的开采者之间因自然赋存条件差异而产生的级差收入。

3.实行从量、从价两种征收办法

对主要资源品目实行从价计征，有助于缓解主要资源品目高价格与低税负之间的矛盾，有利于保障地方财政收入。对经营分散且难以控管的砂石等，按照便利征管原则，可实行从量定额计征。

二、资源税的基本要素

（一）纳税人

在我国领域和管辖的其他海域开发应税资源的单位和个人，为资源税的纳税人。

（二）征税范围

应税资源的征税范围包括能源矿产、金属矿产、非金属矿产、水气矿产和盐。对取用地表水或者地下水的单位和个人试点征收水资源税。

资源税的具体征税范围，依据资源税税目税率表（见表4-1）确定。

表4-1 资源税税目税率表

税目		课税对象	税率
能源矿产	原油	原矿	6%
	天然气、页岩气、天然气水合物	原矿	6%
	煤	原矿或者选矿	2% ~ 10%
	煤成（层）气	原矿	1% ~ 2%
	铀、钍	原矿	4%
	油页岩、油砂、天然沥青、石煤	原矿或者选矿	1% ~ 4%

续表

税　目			课税对象	税　率
能源矿产	地热		原矿	1%～20%或者每立方米1～30元
金属矿产	黑色金属	铁、锰、铬、钒、钛	原矿或者选矿	1%～9%
	有色金属	铜、铅、锌、锡、镍、锑、镁、钴、铋、汞	原矿或者选矿	2%～10%
		铝土矿	原矿或者选矿	2%～9%
		钨	选矿	6.5%
		钼	选矿	8%
		金、银	原矿或者选矿	2%～6%
		铂、钯、钌、锇、铱、铑	原矿或者选矿	5%～10%
		轻稀土	选矿	7%～12%
		中重稀土	选矿	20%
		铍、锂、锆、锶、铷、铯、铌、钽、锗、镓、铟、铊、铪、铼、镉、硒、碲	原矿或者选矿	2%～10%
非金属矿产	矿物类	高岭土	原矿或者选矿	1%～6%
		石灰岩	原矿或者选矿	1%～6%或者每吨（或者每立方米）1～10元
		磷	原矿或者选矿	3%～8%
		石墨	原矿或者选矿	3%～12%
		萤石、硫铁矿、自然硫	原矿或者选矿	1%～8%
非金属矿产	矿物类	天然石英砂、脉石英、粉石英、水晶、工业用金刚石、冰洲石、蓝晶石、硅线石（砂线石）、长石、滑石、刚玉、菱镁矿、颜料矿物、天然碱、芒硝、钠硝石、明矾石、砷、硼、碘、溴、膨润土、硅藻土、陶瓷土、耐火黏土、铁矾土、凹凸棒石黏土、海泡石黏土、伊利石黏土、累托石黏土	原矿或者选矿	1%～12%

续表

税目			课税对象	税率
非金属矿产	矿物类	叶蜡石、硅灰石、透辉石、珍珠岩、云母、沸石、重晶石、毒重石、方解石、蛭石、透闪石、工业用电气石、白垩、石棉、蓝石棉、红柱石、石榴子石、石膏	原矿或者选矿	2%～12%
		其他黏土（铸型用黏土、砖瓦用黏土、陶粒用黏土、水泥配料用黏土、水泥配料用红土、水泥配料用黄土、水泥配料用泥岩、保温材料用黏土）	原矿或者选矿	1%～5%或者每吨（或者每立方米）0.1～5元
	岩石类	大理岩、花岗岩、白云岩、石英岩、砂岩、辉绿岩、安山岩、闪长岩、板岩、玄武岩、片麻岩、角闪岩、页岩、浮石、凝灰岩、黑曜岩、霞石正长岩、蛇纹岩、麦饭石、泥灰岩、含钾岩石、含钾砂页岩、天然油石、橄榄岩、松脂岩、粗面岩、辉长岩、辉石岩、正长岩、火山灰、火山渣、泥炭	原矿或者选矿	1%～10%
		砂石	原矿或者选矿	1%～5%或者每吨（或者每立方米）0.1～5元
	宝玉石类	宝石、玉石、宝石级金刚石、玛瑙、黄玉、碧玺	原矿或者选矿	4%～20%
水气矿产	二氧化碳气、硫化氢气、氦气、氡气		原矿	2%～5%
	矿泉水		原矿	1%～20%或者每立方米1～30元
盐	钠盐、钾盐、镁盐、锂盐		选矿	3%～15%
	天然卤水		原矿	3%～15%或者每吨（或者每立方米）1～10元
	海盐			2%～5%

【学中思】上网搜寻，家乡有哪些矿产资源？有哪些采掘企业？

（三）税率

资源税的税目、税率，依照“资源税税目税率表”执行。

纳税人开采或者生产不同税目应税产品的，应当分别核算不同税目应税产品的销售额或销售数量；未分别核算或者不能准确提供不同税目应税产品的销售额或销售数量的，从高适用税率。

☞ 税思育人·税规律心

开征水资源税，以后我家水费要多交钱了吗？

“以后我家水费要多交钱了吗？”“种地浇水要多收费了吗？”水资源税改革试点后，对老百姓来说，费用无疑是最受关注的。

此前，财政部税政司领导在接受采访时表示，征收水资源税不会影响城镇公共供水价格。目前，水资源费是城镇公共供水终端水价的组成部分，实行水资源费改税后，征收方式和税额标准基本延续现行规定，不会影响居民和一般工商业企业用水价格。

水资源税的征税对象为地表水和地下水。地表水是陆地表面上动态水和静态水的总称，包括江、河、湖泊(含水库)等水资源。地下水是埋藏在地表以下各种形式的水资源。

直接取用地表水、地下水的单位和个人都属于水资源税纳税人，应缴纳水资源税。纳税人应按照相关规定申领取水许可证。但是，家庭生活等少量取用水不用缴税。

三、资源税的计算

（一）计税依据

资源税按照资源税税目税率表实行从价计征或者从量计征，资源税的计税依据为应税产品的销售额或销售数量。

销售额，按照纳税人销售应税产品向购买方收取的全部价款确定，不包括增值税税款。

纳税人申报的应税产品销售额明显偏低且无正当理由的，或者有自用应税产品行为而无销售额的，主管税务机关可以按下列方法和顺序确定其应税产品销售额：

（1）按纳税人最近时期同类产品的平均销售价格确定。

（2）按其他纳税人最近时期同类产品的平均销售价格确定。

（3）按后续加工非应税产品销售价格，减去后续加工环节的成本利润后确定。

（4）按应税产品组成计税价格确定。

组成计税价格=成本×（1+成本利润率）÷（1−资源税税率）

销售数量，包括纳税人开采或者生产应税产品的实际销售数量和自用于应当缴纳资源税情形的应税产品数量。

（二）应纳税额的计算

资源税的应纳税额，按照从价定率或者从量定额的办法，分别以应税产品的销售额乘以纳税人具体适用的比例税率或以应税产品的销售数量乘以纳税人具体适用的定额税率计算。其计算公式为：

应纳税额=应税产品销售额×比例税率

应纳税额=应税产品销售数量×定额税率

【学中练·例4−1】云山煤矿于2023年11月销售煤炭20万吨，实现不含税销售额24 000万元；煤矿食堂使用自产原煤5 000吨（不含税单价为0.12万元/吨），规定的资源税适用税率为2%。

要求：计算该煤矿应缴纳的资源税。

【解析】应纳税额=24 000×2%+5 000×0.12×2%=492（万元）

纳税人开采或者生产应税产品自用的，应当缴纳资源税；自用于连续生产应税产品的，不缴纳资源税。

四、资源税的税收优惠

下列情形，免征资源税：

（1）开采原油以及在油田范围内运输原油过程中用于加热的原油、天然气。

（2）煤炭开采企业因安全生产需要抽采的煤成（层）气。

下列情形，减征资源税：

（1）从低丰度油气田开采的原油、天然气，减征20%资源税。

（2）高含硫天然气、三次采油和从深水油气田开采的原油、天然气，减征30%资源税。

（3）稠油、高凝油减征40%资源税。

（4）从衰竭期矿山开采的矿产品，减征30%资源税。

纳税人的减免税项目，应当单独核算销售额或销售数量；未单独核算或者不能准确提供销售额或销售数量的，不予免税或者减税。

五、资源税的征收管理

（一）纳税义务发生时间

纳税人销售应税产品，纳税义务发生时间为收讫销售款或者取得索取销售款凭据的当天；自用应税产品的，纳税义务发生时间为移送应税产品的当天。

（二）纳税期限

资源税按月或者按季申报缴纳；不能按固定期限计算缴纳的，可以按次申报缴纳。

纳税人按月或者按季申报缴纳的，应当自月度或者季度终了之日起15日内，向税务机关办理纳税申报并缴纳税款；按次申报缴纳的，应当自纳税义务发生之日起15日内，向税务机关办理纳税申报并缴纳税款。

（三）纳税地点

纳税人应纳的资源税，应当向应税产品的开采、生产所在地的税务机关缴纳。

线上拓税

水资源税改革试点

任务训练

一、单项选择题

1.根据资源税法的有关规定，下列资源不属于资源税征税范围的是（　　）。

A.海盐　　B.天然原油

C.铁矿原矿　　D.人造石油

2.下列情况不应征收资源税的是（　　）。

A.个体煤矿开采的原煤　　B.外商投资企业生产的海盐

C.国有企业开采的铜矿　　D.贸易公司进口的原油

3.我国资源税中对主要资源品目实行的税率形式是（　　）。

A.比例税率　　B.定额税率

C.全额累进税率　　D.超额累进税率

4.纳税人用已纳资源税的应税产品进一步加工应税产品销售的，（　　）。

A. 还应再缴纳资源税

B. 还应再缴纳资源税，已缴纳部分可以扣除

C. 不再缴纳资源税

D. 减半缴纳资源税

5.纳税人应缴纳的资源税，应当向应税产品的（　　）税务机关缴纳。

A.销售所在地　　B.机构所在地

C.居住所在地　　D.开采地或者生产地

二、多项选择题

1.下列各项中，属于资源税的纳税人的有（　　）。

A.开采原煤的国有企业　　B.开采石灰石的个体经营者

C.进口铁矿石的私营企业　　D.开采天然气资源的境外投资商

2.资源税的税目包括（　　）。

A.能源矿产　　B.金属矿产

C.非金属矿产　　D.水气矿产、盐

3.按照资源税法律制度的规定，关于资源税的表述，以下说法中正确的有（　　）。

A. 对取用地表水或者地下水的单位和个人试点征收水资源税

B. 原油是资源税的应税资源，包括天然原油和人造石油

C. 纳税人进口应税资源不缴纳资源税，但要缴纳增值税和关税

D. 开采资源税应税产品销售的，应向销售所在地的主管税务机关缴纳资源税

三、业务计算题

云门油田于2023年11月销售原油40 000吨，开具增值税专用发票，发票上注明的销售额为300 000元，税额为39 000元，开采原油过程中用于加热的原油100吨，按资源税税目税率表的规定，其适用的资源税税率为6%。

要求：计算该油田应缴纳的资源税。

参考答案

任务二　城镇土地使用税

任务概要

本任务主要介绍城镇土地使用税的基本要素和税额计算。通过学习，要求理解城镇土地使用税的概念及特征，重点掌握城镇土地使用税的基本法律规定以及应纳税额的计算。

【任务导入】

近年来，随着我国城市化建设的快速发展，土地资源利用规划及保护工作逐渐暴露出诸多不足，使得土地资源浪费的现象较为严重，难以满足我国社会可持续发展的要求。通过征收城镇土地使用税等手段可以促进土地资源的合理使用。那么，城镇土地使用税的税额是如何规定的呢？

任务准备

一、城镇土地使用税的概念及特征

（一）城镇土地使用税的概念

城镇土地使用税是以征收范围内的土地为征税对象，以实际占用土地面积为计税依据，按规定税额对拥有土地使用权的单位和个人征收的一种税。

（二）城镇土地使用税的特征

1.征税范围是限定范围内的土地

城镇土地使用税的征税范围，包括在城市、县城、建制镇和工矿区内的国家所有和集体所有的土地。建立在城市、县城、建制镇和工矿以外的工矿企业则不需缴纳城镇土地使用税。

2.实行差别幅度税额

现行城镇土地使用税，根据市政建设情况和经济繁荣程度实行差别幅度税额，对不同城镇适用不同的税额，对同一城镇不同地段也采用高低不等的税负水平。

二、城镇土地使用税的基本要素

（一）纳税人

凡在城市、县城、建制镇、工矿区范围内使用土地的单位和个人，为城镇土地使用税的纳税人。它具体包括：

（1）拥有土地使用权的单位和个人为城镇土地使用税的纳税人。

（2）拥有土地使用权的单位和个人不在土地所在地的，其土地的实际使用人和代管人为纳税人。

（3）土地使用权未确定或权属纠纷未解决的，其实际使用人为纳税人。

（4）土地使用权共有的，共有各方都是纳税人，由共有各方分别纳税。

（二）征税范围

城镇土地使用税的征税范围为城市、县城、建制镇和工矿区。

城市，是指经国务院批准设立的市，其征税范围包括市区和郊区。县城，是指县人民政府所在地，其征税范围为县人民政府所在地的城镇。建制镇，是指经省、自治区、直辖市人民政府批准设立的、符合国务院规定的镇建制标准的镇，其征税范围一般为镇人民政府所在地。工矿区，是指工商业比较发达、人口比较集中的大中型工矿企业所在地，工矿区的设立必须经省、自治区、直辖市人民政府批准。

（三）税率

城镇土地使用税采用定额税率，即采用有幅度的差别税额，按大、中、小城市和县城、建制镇、工矿区分别规定每平方米城镇土地使用税年应纳税额。具体标准如下：

（1）大城市每平方米年税额为1.5～30元。

（2）中等城市每平方米年税额为1.2～24元。

（3）小城市每平方米年税额为0.9～18元。

（4）县城、建制镇、工矿区每平方米年税额为0.6～12元。

大、中、小城市以公安部门登记在册的非农业正式户口人数为依据，按照国务院颁发的《城市规划条例》中规定的标准划分。人口数量在50万以上的为大城市；在20万～50万之间的为中等城市；在20万以下的为小城市。城镇土地使用税税率表见表4-2。

表4-2　城镇土地使用税税率表

级别	人口数量/人	每平方米年税额/元
大城市	50万以上	1.5~30
中等城市	20万~50万	1.2~24
小城市	20万以下	0.9~18
县城、建制镇、工矿区		0.6~12

☞ 税思育人·税惠润心

“六税两费”减免政策

自2023年1月1日至2027年12月31日，对增值税小规模纳税人、小型微利企业和个体工商户减半征收资源税（不含水资源税）、城市维护建设税、房产税、城镇土地使用税、印花税（不含证券交易印花税）、耕地占用税和教育费附加、地方教育附加。

三、城镇土地使用税的计算

（一）计税依据

城镇土地使用税以纳税人实际占用的土地面积（平方米）为计税依据。

纳税人实际占用的土地面积按下列办法确定：

（1）由省、自治区、直辖市人民政府确定的单位组织测定土地面积的，以测定的面积为准。

（2）尚未组织测量，但纳税人持有政府部门核发的土地使用证书的，以证书确认的土地面积为准。

（3）尚未核发土地使用证书的，应由纳税人据实申报土地面积，据以纳税，待核发土地使用证以后再做调整。

（二）应纳税额的计算

城镇土地使用税的应纳税额依据纳税人实际占用的土地面积和适用单位税额计算。

年应纳税额=实际占用应税土地面积（平方米）×适用税额

【学中练·例4-2】光华有限公司位于市区，2023年占用土地面积40 000平方米，当地规定每平方米土地年税额为6元。

要求：计算该公司应缴纳的城镇土地使用税。

【解析】应纳税额=40 000×6=240 000（元）

四、城镇土地使用税的税收优惠

根据规定，免税项目包括：

（1）国家机关、人民团体、军队自用的土地。

（2）由国家财政部门拨付事业经费的单位自用的土地。

（3）宗教寺庙、公园、名胜古迹自用的土地。

（4）市政街道、广场、绿化地带等公共用地。

（5）直接用于农、林、牧、渔业的生产用地。

（6）经批准开山填海整治的土地和改造的废弃土地，从使用的月份起免缴土地使用税5～10年。

（7）由财政部另行规定免税的能源、交通、水利设施用地和其他用地。

五、城镇土地使用税的征收管理

（一）纳税义务发生时间

（1）购置新建商品房，自房屋交付使用之次月起计征城镇土地使用税。

（2）购置存量房，自办理房屋权属转移、变更登记手续，房地产权属登记机关签发房屋权属证书的次月起计征城镇土地使用税。

（3）出租、出借房产，自交付出租、出借房产的次月起计征城镇土地使用税。

（4）以出让或转让方式有偿取得土地使用权的，应由受让方从合同约定交付土地时间的次月起缴纳城镇土地使用税；合同未约定交付土地时间的，由受让方从合同签订的次月起缴纳城镇土地使用税。

（5）纳税人新征用的耕地，自批准征用之日起满1年时开始缴纳城镇土地使用税。

（6）纳税人新征用的非耕地，自批准征用次月起缴纳城镇土地使用税。

（二）纳税期限

城镇土地使用税按年计算，分期缴纳。缴纳期限由省、自治区、直辖市人民政府确定。各省、自治区、直辖市税务机关结合当地情况，一般分别确定按月、季、半年或1年等不同的期限缴纳。

（三）纳税地点

城镇土地使用税的纳税地为土地所在地，由土地所在地的税务机关负责征收。纳税人使用的土地不属于同一省（自治区、直辖市）管辖范围内的，由纳税人分别向土地所在地的税务机关申报缴纳。在同一省（自治区、直辖市）管辖范围内，纳税人跨地区的土地，由各省、自治区、直辖市的主管税务机关确定纳税地点。

线上拓税

租入土地，是否需要缴纳城镇土地使用税

任务训练

一、单项选择题

1.城镇土地使用税的计税依据是（　　）。

A.自用的土地面积　　B.拥有的土地面积

C.实际占用的土地面积　　D.被税务部门认定的土地面积

2.城镇土地使用税采用的税率形式是（　　）。

A.全区统一的定额　　B.有幅度差别比例税率

C.全省统一的定额　　D.有幅度差别定额税率

3.下列各项免征城镇土地使用税的是（　　）。

A.宗教寺庙出租的土地　　B.军队自用土地

C.学校出租房屋　　D.某商场占用土地

4.纳税人实际占用土地面积尚未组织测量，且未核发土地使用证书的，（　　）。

A. 免征城镇土地使用税

B. 由房地产管理部门估定土地面积，征收城镇土地使用税

C. 由税务机关估定土地面积，征收城镇土地使用税

D. 应由纳税人据实申报土地面积

5.新征用耕地应缴纳的城镇土地使用税，其纳税义务发生时间是（　　）。

A. 自批准征用之日起满3个月　　B. 自批准征用之日起满6个月

C. 自批准征用之日起满1年　　D. 自批准征用之日起满2年

二、多项选择题

1. 下列属于城镇土地使用税的纳税人的有（　　）。

A. 拥有土地使用权的外资企业

B. 用自有房产经营小卖部的个体工商户

C. 拥有农村承包责任田的农民

D. 权属纠纷未解决的土地使用权的实际使用人

2. 凡在（　　）范围内使用土地的单位和个人均为城镇土地使用税的纳税人。

A. 城市　　B. 县城

C. 建制镇　　D. 工矿区

3. 下列各项中，符合城镇土地使用税规定的有（　　）。

A. 城镇土地使用税实行按年计算、分期缴纳的征收方法

B. 纳税人使用的土地不属于同一个省的，由纳税人向注册地税务机关缴纳

C. 纳税单位无偿使用免税单位的土地，纳税单位应当缴纳城镇土地使用税

D. 纳税人实际占有土地但尚未核发土地使用证书的，由税务机关核定计税依据

三、业务计算题

山海科技有限公司2023年拥有土地面积2 000平方米，经税务机关核定，该土地为应税土地，每平方米年税额为6元。

要求：计算该企业全年应缴纳的城镇土地使用税。

参考答案

任务三　耕地占用税

任务概要

本任务主要介绍耕地占用税的基本要素和税额计算。通过学习，要求理解耕地占用税的概念及特征，重点掌握耕地占用税的基本法律规定以及应纳税额的计算。

【任务导入】

国以民为本，民以粮为基。自古以来，保障粮食安全都是保证国家长治久安的根本之策。然而，我国以不到全球10%的耕地，承载着全球1/5的人口。2006年，“十一五”规划纲要中首次提出18亿亩耕地是一个具有法律效力的约束性指标，是一道不可逾越的红线。自此，坚守耕地红线开始逐步成为国家各类开发建设活动的刚性要求之一。那么，什么是耕地？怎样的耕地占用需要缴税呢？

任务准备

一、耕地占用税的概念及特征

（一）耕地占用税的概念

耕地占用税是国家对占用耕地建设建筑物、构筑物或者从事非农业建设的单位和个人，就其实际占用的耕地面积征收的一种税。

（二）耕地占用税的特征

1.具有特定的征税对象

耕地占用税以建设建筑物、构筑物或者从事非农业建设占用耕地为征税对象。对占用耕地建设农田水利设施的，不征收耕地占用税；对占用非耕地建房或从事非农业建设的，也不征收耕地占用税。

2.实行地区差别比例税率

适应不同地区纳税人的承受能力，体现人口多、经济发达地区占用耕地从严控制的合理负担原则。

3.实行一次课征制

耕地占用税实行一次课征制，纳税人完税以后，在使用、转让和继承过程中不再缴纳耕地占用税。

二、耕地占用税的基本要素

（一）纳税人

占用耕地建设建筑物、构筑物或者从事非农业建设的单位和个人，为耕地占用税的纳税人。

占用耕地建设农田水利设施的，不缴纳耕地占用税。

（二）征税对象

耕地占用税的征税对象是占用农用耕地建设建筑物、构筑物或者从事非农业建设的行为。

耕地是指用于种植农作物的土地。

因建设直接为农业生产服务的生产设施而占用前款规定的农用地的，不征收耕地占用税。

纳税人因建设项目施工或者地质勘查临时占用耕地，应当依照规定缴纳耕地占用税。纳税人在批准临时占用耕地期满之日起1年内依法复垦、恢复种植条件的，全额退还已缴纳的耕地占用税。

占用园地、林地、草地、农田水利用地、养殖水面、渔业水域滩涂以及其他农用地建设建筑物、构筑物或者从事非农业建设的，依照规定缴纳耕地占用税。对占用农用地建设直接为农业生产服务的生产设施的，不征收耕地占用税。

（三）税率

耕地占用税实行有幅度的定额税率，以县级行政区域为单位分设4个档次的税额。耕地占用税税率表见表4-3。

表4-3　　耕地占用税税率表

人均耕地	每平方米年税额/元
不超过1亩的地区	10~50
人均耕地超过1亩但不超过2亩的地区	8~40
人均耕地超过2亩但不超过3亩的地区	6~30
人均耕地超过3亩的地区	5~25

耕地占用税的适用税额由各省、自治区、直辖市人民政府根据人均耕地面积和经济发展等情况，在规定的税额幅度内提出，报同级人民代表大会常务委员会决定，并报全国人民代表大会常务委员会和国务院备案。各省、自治区、直辖市耕地占用税适用税额的平均水平，不得低于耕地占用税平均税额表规定的平均税额。

在人均耕地低于0.5亩的地区，各省、自治区、直辖市人民政府可以根据当地经济发展情况，适当提高耕地占用税的适用税额，但提高的部分不得超过税率表第2档确定的适用税额的50%。

占用基本农田的，应当按照上述条款或者税率表第2档确定的当地适用税额，加按150%征收。

财政部和国家税务总局就耕地占用税的平均税额制定了相应标准。各省、自治区、直辖市耕地占用税平均税额为：上海45元/平方米；北京40元/平方米；天津35元/平方米；江苏、浙江、福建、广东均30元/平方米；辽宁、湖北、湖南均25元/平方米；河北、安徽、江西、山东、河南、四川、重庆均22.5元/平方米；广西、海南、贵州、云南、陕西均20元/平方米；山西、吉林、黑龙江均17.5元/平方米；内蒙古、西藏、甘肃、青海、宁夏、新疆均12.5元/平方米。

☞ 税思育人·税史鉴心

严守18亿亩耕地红线

2005年开始，中央对耕地管控越收越紧。2005年启动全国第三次土地利用总体规划修编时，采用的是第二次全国土地调查前的老数据，当时全国的耕地数据为18.3亿亩，这是后来划定18亿亩耕地红线的依据之一。2006年，国家统计局与原农业部基于当时人口、粮食亩产与复种指数等综合因素，计算出若确保2010年和2030年我国粮食自给率稳定在95%以上，则至少需要18亿亩耕地。同年的“十一五”规划纲要明确18亿亩耕地红线，这也是耕地红线首次出现在官方文件中。此后，第十届全国人民代表大会第五次会议提出：在土地问题上，一定要守住全国耕地不少于18亿亩这条红线；2009年，原国土资源部又提出“保耕地红线”行动，即坚持实行最严格的耕地保护制度，坚持耕地保护的红线不能碰。自此，固守18亿亩耕地红线与保障粮食安全便牢牢地捆绑到了一起。

三、耕地占用税的计算

耕地占用税以纳税人用于建设建筑物、构筑物或者从事非农业建设实际占用的耕地面积为计税依据。应税土地面积包括经批准占用面积和未经批准占用面积。

应纳税额=应税土地面积×单位税额

【学中练·例4-3】亿隆肉联厂地处山东省海滨县城关路，2023年12月经批准扩建，占用耕地12亩。山东省规定耕地占用税的适用税额为22.5元/平方米，1亩折合666.67平方米。

要求：计算该厂应缴纳的耕地占用税。

【解析】应纳税额=12×666.67×22.5=180 000.9（元）

四、耕地占用税的税收优惠

（一）下列情形免征耕地占用税

（1）军事设施占用耕地。

（2）学校、幼儿园、社会福利机构、医疗机构占用耕地。

（二）下列情形免征或减征耕地占用税

（1）铁路线路、公路线路、飞机场跑道、停机坪、港口、航道占用耕地，减按每平方米2元的税额征收耕地占用税。

（2）农村居民占用耕地新建住宅，按照当地适用税额减半征收耕地占用税。其中，农村居民经批准搬迁，新建自用住宅占用耕地不超过原宅基地面积的部分，免征耕地占用税。

农村烈士遗属、因公牺牲军人遗属、残疾军人以及符合农村最低生活保障条件的农村居民，在规定用地标准以内新建自用住宅，免征耕地占用税。

规定免征或减征耕地占用税后，纳税人改变原占地用途，不再属于免征或减征耕地占用税情形的，应当按照当地适用税额补缴耕地占用税。

纳税人临时占用耕地，应当按规定缴纳耕地占用税。纳税人在批准临时占用耕地的期限内恢复所占用耕地原状的，全额退还已经缴纳的耕地占用税。

【学中思】耕地占用税与城镇土地使用税有哪些联系与区别？

五、耕地占用税的征收管理

（一）纳税义务发生时间

耕地占用税的纳税义务发生时间为纳税人收到自然资源主管部门办理占用耕地手续的书面通知的当日。

（二）纳税期限

耕地占用税由税务机关负责征收，纳税人应当自纳税义务发生之日起30日内申报缴纳耕地占用税。

税务机关应当与相关部门建立耕地占用税涉税信息共享机制和工作配合机制。县级以上地方人民政府自然资源、农业农村、水利等相关部门应当定期向税务机关提供农用地转用、临时占地等信息，协助税务机关加强耕地占用税的征收管理。

（三）纳税地点

纳税人占用耕地，应当在耕地所在地申报纳税。

线上拓税

城镇土地使用税和耕地占用税的区别

任务训练

一、单项选择题

1. 占用基本农田的，应当按照当地适用税额，加按一定比例征收。这一比例是（　　）。

A.120%　　B.130%

C.150%　　D.100%

2. 纳税人应当自纳税义务发生之日起（　　）申报缴纳耕地占用税。

A.7 日内　　B.15 日内

C.30 日内　　D.60 日内

3. 下列关于耕地占用税的表述，不正确的是（　　）。

A. 耕地占用税是以纳税人实际占用耕地面积为计税依据，一次性征收

B. 耕地占用税实行地区差别幅度比例税率

C. 占用果园、桑园、竹园、药材种植园等园地从事非农业建设应照章征税

D. 个人占用耕地建房也应缴纳耕地占用税

4. 下列各项中，按照当地适用税额减半征收耕地占用税的是（　　）。

A. 纳税人临时占用耕地

B. 部队营房占用耕地

C. 农村居民在规定用地标准以内占用耕地新建自用住宅

D. 机场跑道占用耕地

5. 在下列耕地占用的情形中，属于免征耕地占用税的是（　　）。

A. 医院占用耕地　　B. 改建厂房占用鱼塘

C. 高尔夫球场占用耕地　　D. 商品房建设占用林地

二、多项选择题

1. 下列各项中，应征收耕地占用税的有（　　）。

A. 铁路线路占用耕地　　B. 学校占用耕地

C. 公路线路占用耕地　　D. 军事设施占用耕地

2. 下列减征耕地占用税的有（　　）。

A. 军事设施占用耕地

B. 学校、幼儿园、养老院、医院占用耕地

C. 农村居民占用耕地新建住宅

D. 铁路线路占用耕地

3. 下列关于耕地占用税法律制度规定的说法中，正确的有（　　）。

A. 兼具资源税与特定行为税的性质，在占用耕地环节一次性征收

B. 建设直接为农业生产服务的生产设施占用耕地的，不征收耕地占用税

C. 纳税人临时占用耕地，可不缴纳耕地占用税

D. 农民占用耕地建房，免征耕地占用税

三、业务计算题

2023年12月，农村某村民新建住宅，经批准占用耕地200平方米。该地区适用的耕地占用税定额税率为17.5元/平方米，由于农村居民占用耕地新建住宅，按照当地适用税额减半征收耕地占用税。

要求：计算该村民应缴纳的耕地占用税。

参考答案

任务四　土地增值税

任务概要

本任务主要介绍土地增值税的基本要素和税额计算。通过学习，要求理解土地增值税的概念及特征，重点掌握土地增值税的基本法律规定以及应纳税额的计算。

【任务导入】

为了增强国家对房地产开发商与房地产交易市场的调控，抑制炒买、炒卖土地获取暴利的行为，增加国家财政收入，我国对房地产开发商征收土地增值税。那么，土地增值税的纳税人如何判断？应纳税额如何计算呢？

任务准备

一、土地增值税的概念及特征

（一）土地增值税的概念

土地增值税是指国家对有偿转让国有土地使用权、地上建筑物及其附着物的单位和个人，就其转让房地产所取得的增值额征收的一种税。

（二）土地增值税的特征

1. 以转让房地产取得的增值额为征收对象

在现实经济生活中，房地产的自然增值部分主要是国有土地的自然涨价部分形成

的。征收土地增值税既有利于维护国家权益，又可以增加财政收入。

2.采用超率累进税率形式

土地增值税依据纳税人取得的增值额与其对土地开发经营实际投入资金之比的高低，分别设计了不同级别的超率累进税率。这种形式既鼓励了对土地的投资开发，又能合理地调节纳税人的土地增值收益。

3.以房地产产权变更环节为纳税环节

土地增值税是在纳税人拥有的财产产权的变更（买卖）环节征收的，有利于规范房地产市场的交易秩序。

二、土地增值税的基本要素

（一）纳税人

土地增值税的纳税人是转让国有土地使用权及地上一切建筑物和其他附着物产权，并取得收入的单位和个人。

（二）征税范围

土地增值税的征税对象是有偿转让国有土地使用权及地上建筑物和其他附着物产权所取得的增值额。

1.征税范围的一般规定

（1）土地增值税只对转让国有土地使用权的行为征税，对转让非国有土地和出让国有土地的行为均不征税。

（2）土地增值税既对转让土地使用权征税，也对转让地上建筑物和其他附着物的产权征税。土地增值额是纳税人转让房地产所取得的全部增值额，而非仅仅是土地使用权转让的收入。

（3）土地增值税只对有偿转让的房地产征税，对以继承、赠与等方式无偿转让的房地产，则不予征税。

2.征税范围的具体规定

（1）以房地产进行投资、联营。对于以房地产进行投资、联营的，如果投资、联营的一方以土地（房地产）作价入股进行投资或作为联营条件的，暂免征收土地增值税。但是，投资、联营企业若将上述房地产再转让的，属于征收土地增值税的范围。

（2）合作建房。对于一方出地，一方出资金，双方合作建房，建成后分房自用的，暂免征收土地增值税。但是，如果建成后转让的，属于征收土地增值税的范围。

（3）交换房地产。交换房地产行为既发生了房地产产权、土地使用权的转移，交换双方又取得了实物形态的收入，按照规定属于征收土地增值税的范围。但对个人之间互换自有居住用房地产的，经当地税务机关核实，可以免征土地增值税。

（4）房地产抵押。房地产在抵押期间不征收土地增值税。待抵押期满后，视该房地产是否转移产权来确定是否征收土地增值税。对因房地产抵债而发生房地产产权转让的，属于征收土地增值税的范围。

（5）房地产出租。出租人取得了收入，但没有发生房地产产权的转让，不属于征收土地增值税的范围。

【学中思】判定一项业务是否属于土地增值税的征收范围，需要关注哪几个关键词？

（三）税率

土地增值税税率设计的基本原则是增值多的多征、增值少的少征、无增值的不征。按照这个原则，土地增值税采用四级超率累进税率（见表4-4）。

表4-4　土地增值税超率累进税率表

级数	增值额占扣除项目金额的比例	税率（%）	速算扣除系数（%）
1	未超过扣除项目金额50%的部分	30	0
2	超过扣除项目金额50%但不超过扣除项目金额100%的部分	40	5
3	超过扣除项目金额100%但不超过扣除项目金额200%的部分	50	15
4	超过扣除项目金额200%的部分	60	35

☞ 税思育人·税规律心

什么是土地增值税预征？预征率是多少？

土地增值税实行“先预征后清算”的征管方式，预征土地增值税是在还没有正确计算出房地产项目增值率的情况下，为确保税款平稳、均匀地流入国库，而采取的预先征收土地增值税的办法。

为了发挥土地增值税在预征阶段的调节作用，除保障性住房外，东部地区省份预征率不得低于2%，中部和东北地区省份不得低于1.5%，西部地区省份不得低于1%。各地要根据不同类型房地产确定适当的预征率，确保土地增值税在预征阶段及时、充分发挥调节作用。

三、土地增值税的计算

（一）计税依据

土地增值税以纳税人转让房地产所取得的增值额为计税依据。增值额为纳税人转让房地产所取得的收入减除规定的扣除项目金额后的余额。

1.收入的确定

转让房地产所取得的收入，包括货币收入、实物收入和其他收入，不包括增值税。

纳税人发生下列情况的，按房地产评估价格计算纳税：

（1）隐瞒、虚报房地产成交价格的。

（2）转让房地产的成交价格低于评估价格的。

（3）未提供扣除项目金额或提供不实的。

2.扣除项目金额

（1）取得土地使用权所支付的金额，即纳税人为取得土地使用权所支付的土地价款和按国家统一规定缴纳的有关费用。

（2）开发土地和新建房及配套设施的成本，即房地产开发的成本，是指纳税人的房地产开发项目实际发生的成本，包括土地征用及拆迁补偿费、前期工程费、建筑安装工程费、基础设施费、公共配套设施费、开发间接费等。

（3）开发土地和新建房及配套设施的费用，即房地产开发费用，是指与房地产开发项目有关的销售费用、管理费用和财务费用。财务费用中的利息支出，凡能够按转让房地产项目计算分摊并提供金融机构证明的，允许据实扣除，但最高不能超过按商业银行同类同期贷款利率计算的金额。其他房地产开发费用按取得土地使用权所支付的金额和房地产开发成本金额之和的5%以内计算扣除。凡不能按转让房地产项目计算分摊或不能提供金融机构证明的，房地产开发费用按取得土地使用权所支付的金额和房地产开发成本金额之和的10%以内计算扣除。

（4）旧房及建筑物的评估价格，是指在转让已使用的房屋及建筑物时，由政府批准设立的房地产评估机构评定的重置成本价乘以成新度折扣率后的价格。

（5）与房地产转让有关的税金，是指在转让房地产时缴纳的城市维护建设税、印花税。因转让房地产缴纳的教育费附加，也可视同税金予以扣除。

（6）财政部规定的其他扣除项目。对从事房地产开发的纳税人，可按取得土地使用权所支付的金额与土地和新建房及配套设施的成本之和，加计20%扣除。

（二）应纳税额的计算

土地增值税以转让房地产的增值额为计税依据，按超率累进税率计算应纳税额。

计算的基本原理和方法是：首先，以出售房地产的总收入额减除扣除项目金额，求得增值额；其次，确定土地增值率，即增值额与扣除项目金额的比值；再次，根据土地增值率的高低确定适用税率；最后，用增值额乘以适用税率求得应纳税额。

以下就转让房地产的不同情况，分别介绍应纳税额的计算方法。

1.转让土地使用权和出售新建房及配套设施应纳税额的计算方法

（1）计算增值额。

增值额=出售房地产的总收入额-扣除项目金额

（2）计算增值率。

增值率=（增值额÷扣除项目金额）×100%

（3）税率的确定及应纳税额的计算。

根据增值率，查税率表确定适用税率，依据适用税率计算应纳税额。

应纳税额=增值额×适用税率-扣除项目金额×速算扣除系数

【学中练·例4-4】某房地产开发公司于2023年12月出售一幢写字楼，收入总额为20 000万元（不含增值税）。允许扣除的项目金额为12 110万元。

要求：计算该公司应缴纳的土地增值税。

【解析】（1）增值额=20 000-12 110=7 890（万元）

（2）增值率=（7 890÷12 110）×100%=65.15%

（3）应纳税额=7 890×40%-12 110×5%=3 156-605.5=2 550.5（万元）

【学中练·例4-5】宏大房地产开发有限公司于2023年10月开发销售城市商业综合

体大楼，取得不含增值税收入15 000万元，按税法规定缴纳印花税、城市维护建设税及教育费附加825万元。已知为取得土地使用权而支付的地价款和按国家统一规定缴纳的有关费用共计3 000万元，房地产开发成本4 000万元，房地产开发费用的利息支出1 200万元（不能按转让房地产项目计算分摊利息支出，也不能提供金融机构证明）。该公司所在省人民政府规定的房地产开发费用的计算扣除比例为10%。

要求：计算该公司应缴纳的土地增值税。

【解析】（1）取得土地使用权支付的地价款及各种费用为3 000万元。

（2）房地产开发成本为4 000万元。

（3）房地产开发费用=（3 000+4 000）×10%=700（万元）

（4）允许扣除的税费为825万元。

（5）从事房地产开发的纳税人加计扣除20%。

加计扣除额=（3 000+4 000）×20%=1 400（万元）

（6）允许扣除项目金额的合计=3 000+4 000+700+825+1 400=9 925（万元）

（7）增值额=15 000−9 925=5 075（万元）

（8）增值率=（5 075÷9 925）×100%=51.13%

（9）应纳税额=5 075×40%−9 925×5%=1 533.75（万元）

2.出售旧房应纳税额的计算方法

（1）计算评估价格。

评估价格=重置成本价×成新度折扣率

（2）汇集扣除项目金额。

（3）计算增值率。

（4）依据增值率确定适用税率。

（5）依据适用税率计算应纳税额。

应纳税额=增值额×适用税率−扣除项目金额×速算扣除系数

【学中练·例4−6】润发食品公司于2023年12月转让一座旧厂房，重置成本价800万元，成新度折扣率为7/10，取得转让收入720万元，支付城建税等税费30万元。

要求：计算该公司应缴纳的土地增值税。

【解析】（1）评估价格=800×70%=560（万元）

（2）允许扣除的税费为30万元

（3）扣除项目金额合计=560+30=590（万元）

（4）增值额=720−590=130（万元）

（5）增值率=（130÷590）×100%=22.03%

（6）应纳税额=130×30%=39（万元）

四、土地增值税的税收优惠

根据《中华人民共和国土地增值税暂行条例》的规定，有下列情形之一的免征土地增值税：

（1）纳税人建造普通标准住宅出售，增值额未超过扣除项目金额20%的。

（2）因国家建设需要依法征用、收回的房地产。

（3）个人因工作调动或改善居住条件而转让原自用住房的。

（4）对个人销售住房暂免征收土地增值税。

五、土地增值税的征收管理

（一）纳税义务发生时间

纳税人应于转让房地产合同签订之日起7日内到房地产所在地税务机关办理纳税申报，并在税务机关核定的期限内缴纳税款。

（二）纳税地点

土地增值税由土地所在地的税务机关负责征收。跨两个或两个以上地区的土地，凡独立核算单位在土地所在地的，在独立核算单位所在地缴纳；凡独立核算单位不在土地所在地的，由上级税务机关根据具体情况确定。

纳税人按规定办理纳税手续后，持纳税凭证到房产、土地管理部门办理产权变更手续。房地产管理部门应当向当地税务机关提供有关房屋及建筑物产权、土地使用权、房地产评估价格、土地出让金数额及产权变更等方面的资料，并协助税务机关做好土地增值税的征管工作。

线上拓税

土地增值税清算

任务训练

一、单项选择题

1.土地增值税实行（　　）。

A.超率累进税率　　B.超额累进税率

C.比例税率　　D.定额税率

2.下列各项中应征收土地增值税的是（　　）。

A.用房地产进行投资　　B.兼并企业取得被兼并企业房地产

C.房地产的交换　　D.房地产的出租

3.根据《中华人民共和国土地增值税暂行条例》的规定，纳税人到房地产所在地的主管税务机关办理纳税申报的时间为（　　）。

A. 转让房地产合同签订后的5日内

B. 转让房地产合同签订后的7日内

C. 转让房地产合同签订后的10日内

D. 转让房地产合同签订后的15日内

4.计算土地增值税时，如果纳税人不能按转让房地产项目计算分摊利息支出，其房地产开发费用按取得土地使用权所支付的金额与开发成本之和的一定比例计算扣除，该比例是（　　）。

A.15%以内　　B.30%

C.10%以内　　D.20%

5.房地产企业在计算土地增值税时，不得扣除的税金是（　　）。

A.增值税　　B.城市维护建设税

C.教育费附加　　D.印花税

二、多项选择题

1.转让房地产涉及的税种有（　　）。

A.资源税　　B.增值税

C.土地增值税　　D.房产税

2.下列选项中，不缴纳土地增值税的有（　　）。

A.出租房屋并取得收入的行为

B.以房地产作为抵押向银行贷款的行为

C.房地产的继承

D.转让国有土地使用权的行为

3.下列业务中，不属于土地增值税的征税范围的有（　　）。

A.单位之间交换房地产　　B.房地产出租

C.房地产继承　　D.房地产销售

三、业务计算题

1.临海市万福房地产开发公司于2023年12月出售一幢写字楼，取得不含税收入15 000万元（不含增值税），允许扣除的项目金额为10 450万元。

要求：计算该公司应缴纳的土地增值税额。

2.某房地产开发公司于2023年11月建造一住宅出售，取得不含税收入1 400万元，按税法规定缴纳城市维护建设税及教育费附加127万元、印花税1.25万元。支付地价款和相关过户手续费200万元，开发成本400万元，利息支出无法准确计算分摊。该企业所在省人民政府规定的房地产开发费用的计算扣除比例为10%。

要求：计算该公司应缴纳的土地增值税额。

参考答案

项目五　财产税制

知识目标

1. 理解房产税、车船税和契税的概念及特征。
2. 掌握房产税、车船税和契税的纳税人、征税范围和税率。
3. 掌握房产税、车船税和契税应纳税额的计算方法。

能力目标

1. 能够界定房产税、车船税和契税的纳税人。
2. 能够判断房产税、车船税和契税的征税范围。
3. 能够计算房产税、车船税和契税的应纳税额。

素养目标

1. 培养规则意识和标准意识。
2. 培养理性消费、绿色消费理念。
3. 培养正确的财富观念。

任务一　房产税

任务概要

本任务主要介绍房产税的基本要素和税额计算。通过学习，要求理解房产税的概念及特征，重点掌握房产税的基本法律规定以及应纳税额的计算。

【任务导入】

小华在本市购买了一套住房和一套沿街房，沿街房用于开饭店或对外出租，其间他被告知每年需要缴纳一定的房产税。那么，在什么情况下需要缴纳房产税呢？税负是多少呢？

任务准备

一、房产税的概念及特征

（一）房产税的概念

房产税是以房屋为征税对象，按照房屋的计税余值或租金收入，向产权所有人征收的一种财产税。

（二）房产税的特征

1.房产税属于个别财产税

财产税按征税对象的范围不同，可以分为一般财产税与个别财产税。房产税属于个别财产税，其征税对象只是房屋。

2.征税范围限于城镇的经营性房屋

房产税在城市、县城、建制镇和工矿区范围内征收，农村的房屋没有纳入征税范围。

3.区别房屋的经营使用方式规定征税办法

房产税根据纳税人经营形式不同，对使用房屋用于经营者按房产计税余值征收，对使用房屋用于出租者按租金收入计税，使征税办法符合纳税人的经营特点，便于平衡税收负担和征收管理。

二、房产税的基本要素

（一）纳税人

房产税的纳税人是在我国城市、县城、建制镇和工矿区内拥有房屋产权的单位和个人，具体包括产权所有人、承典人、房产代管人或使用义务人。

（1）产权属于国家所有的，由经营管理单位纳税；产权属于集体和个人所有的，由集体单位和个人纳税。

（2）产权出典的，由承典人纳税。所谓产权出典，是指产权所有人将房屋、生产资料等的产权在一定期限内典当给他人使用而取得资金的一种融资业务。

（3）产权所有人、承典人不在房屋所在地的，或者产权未确定及租典纠纷未解决的，由房产代管人或者使用人纳税。

（4）纳税单位和个人无租使用房产管理部门、免税单位及纳税单位房产的，应由使用人代为缴纳房产税。

（二）征税范围

房产税以房产为征税对象。所谓房产，是指有房屋和围护结构（有墙或两边有柱），能够遮风挡雨，可供人们在其中生产、学习、工作、娱乐、居住或储藏物资的场所。房地产开发企业建造的商品房，在出售前，不征收房产税。但对出售前房地产开发企业已使用或出租、出借的商品房，按规定征收房产税。

房产税的征税范围为城市、县城、建制镇和工矿区。具体规定如下：

（1）城市，是指国务院批准设立的市。

（2）县城，是指县人民政府所在地的地区。

（3）建制镇，是指经省、自治区、直辖市人民政府批准设立的建制镇。

（4）工矿区，是指工业比较发达、人口比较集中、符合国务院规定的建制镇标准但尚未建立建制镇的大中型工矿企业所在地。开征房产税的工矿区须经省、自治区、直辖市人民政府批准。

【学中思】根据房产的含义，加油站罩棚、游泳池、玻璃暖房属于房产税的征收范围吗？

（三）税率

我国现行房产税采用比例税率。由于房产税依据分为从价计征和从租计征两种形式，因此房产税的税率也有两种：

（1）按房产原值一次减除10%～30%后的余值计征的，税率为1.2%。

（2）按房产出租的租金收入计征的，税率为12%。个人按市场价格出租的居民住房，不区分用途，按4%的税率征收房产税。

☞ 税思育人·税史鉴心

历史趣闻：英国的窗户税

窗户税又称“窗税”，是一种以窗户为课征对象的税，属于房屋税的性质。1696年英国正着手改铸货币，临时需要巨额费用，于是开征了窗户税。当时法令规定，凡房屋有窗10个以下者，课税2先令；有窗10~20个者，课税6先令；有窗20个以上者，课税10先令。由于此税只就窗户数课征，不考虑房屋的面积与价值，也不顾及纳税人的纳税能力，负担畸轻、畸重，极不合理。

在征收过程中流弊很多。纳税人为逃避纳税，有的将明窗改作暗窗，有的在房屋上少设或不设窗户，以致阻碍室内的阳光透射和空气流通，直接影响了人体健康，因而该税的征收遭到激烈的反对。在社会舆论的抨击下，1851年窗户税终于取消了，而代之以按房屋租赁价格为计税标准的房屋税。

三、房产税的计算

（一）计税依据

房产税的计税依据是房产的计税价值或房产的租金收入。按照房产计税价值征税的，称为从价计征；按照房产租金收入计征的，称为从租计征。

1.从价计征

房产税依照房产原值一次减除10%～30%后的余值计算缴纳。各地扣除比例由当地省、自治区、直辖市人民政府确定。

2.从租计征

房产出租的，以房产租金收入为房产税的计税依据，不包含增值税。

（二）应纳税额的计算

房产税的计税依据有两种，与之相适应的应纳税额也分为两种：一是从价计征的计算；二是从租计征的计算。

1.从价计征的计算

从价计征是按房产原值减除一定的比例后的余值计征。其计算公式为：

应纳税额=应纳房产原值×（1–扣除比例）×1.2%

房产原值是“固定资产”科目中记载的房屋原价，减除一定比例是省、自治区、直辖市人民政府规定的10%～30%的减除比例，计征的适用税率为1.2%。

【学中练·例5–1】蓝天餐饮公司2023年拥有房产原值200万元，当地省人民政府规定，按房产原值扣除30%后的余额作为房产余值。

要求：请计算该公司2023年应缴纳的房产税。

【解析】应纳税额=200×（1–30%）×1.2%=1.68（万元）

2.从租计征的计算

从租计征是按房产的租金收入计征，其计算公式为：

应纳税额=租金收入×12%（或4%）

【学中练·例5–2】华山木业公司于2023年将沿街楼出租，每月租金收入为20 000元（不含增值税），适用税率为12%。

要求：请计算该公司应缴纳的房产税。

【解析】应纳税额=20 000×12×12%=28 800（元）

四、房产税的税收优惠

（1）国家机关、人民团体、军队自用的房产免征房产税。

（2）由国家财政部门拨付事业经费的单位，如学校、医疗卫生单位、托儿所、幼儿园、敬老院、文化、体育、艺术这些实行全额或差额预算管理的事业单位所有的，本身业务范围内使用的房产免征房产税。

（3）宗教寺庙、公园、名胜古迹自用的房产免征房产税。

（4）个人所有非营业用的房产免征房产税。

五、房产税的征收管理

（一）纳税义务发生时间

（1）纳税人将原有房产用于生产经营，从生产经营之月起缴纳房产税。

（2）纳税人自行新建房屋用于生产经营，从建成的次月起缴纳房产税。

（3）纳税人委托施工企业建设的房屋，从办理验收手续的次月起缴纳房产税。

（4）纳税人购置新建商品房，自房屋交付使用的次月起缴纳房产税。

（5）纳税人购置存量房，自办理房屋权属转移、变更登记手续，房地产权属登记机关签发房屋权属证书的次月起缴纳房产税。

（6）纳税人出租、出借房产，自交付出租、出借本企业房产的次月起缴纳房产税。

（7）房地产开发项目自用、出租、出借本企业建造的商品房，自房屋使用或交付的次月起缴纳房产税。

（二）纳税期限

房产税实行按年计算、分期缴纳的征收方法，具体纳税期限由省、自治区、直辖市人民政府确定。

（三）纳税地点

房产税在房产所在地缴纳。房产不在同一地方的纳税人，应按房产的坐落地点分别向房产所在地的税务机关纳税。

线上拓税

地下建筑需要缴纳房产税吗？

任务训练

一、单项选择题

1. 下列关于房产税纳税人的表述，不正确的是（　　）。

A. 房屋产权出典的，由承典人纳税

B. 房屋出租的，由承租人纳税

C. 房屋产权未确定的，由代管人或使用人纳税

D. 产权人不在房屋所在地的，由房屋代管人或使用人纳税

2. 下列属于应缴纳房产税的房产是（　　）。

A. 集团公司的仓库　　B. 加油站的罩棚

C. 股份制企业的围墙　　D. 工厂的独立烟囱

3. 下列房屋及建筑物中，属于房产税的征税范围的是（　　）。

A. 农村的居住用房　　B. 建在室外的露天游泳池

C. 个人拥有的市区经营性用房　　D. 尚未使用或尚未出租而待售的商品房

4. 2023年，李某将面积为100平方米的住房出租，适用的房产税税率为（　　）。

A. 按房租的4%　　B. 按房租的12%

C. 按房租的1.2%　　D. 按房屋余值的1.2%

5. 纳税人经营自用的房屋缴纳房产税的计税依据是（　　）。

A. 房屋原值　　B. 房屋净值

C. 市场价格　　D. 房屋余值

二、多项选择题

1. 下列属于房产税的征税范围的有（　　）。

A. 城市　　B. 县城

C. 建制镇和工矿区　　D. 农村

2. 下列有关房产税征税办法的表述中不正确的有（　　）。

A. 建筑公司为其他单位盖房应该缴纳房产税

B. 个人在城镇的居民住房应征房产税，在农村的居民住房不征房产税

C. 外商投资企业不缴纳房产税

D. 房地产公司销售房产后，应按销售额缴纳房产税

3. 下列有关房产税纳税义务发生时间的规定，正确的有（　　）。

A. 购置新建商品房，自房屋交付使用之次月起缴纳房产税

B. 纳税人自行新建房屋用于生产经营，从建成之当月起缴纳房产税

C. 纳税人将原有房产用于生产经营，从生产经营之月起缴纳房产税

D. 纳税人委托施工企业建设的房屋，从办理验收手续的次月起缴纳房产税

三、业务计算题

顺达公司2023年年初房产原值为3 000万元，将其中房产原值300万元的沿街房出租，全年租金为15万元。当地政府规定房产原值减除比例为30%。

要求：请计算该公司2023年应缴纳的房产税。

参考答案

任务二 车船税

任务概要

本任务主要介绍车船税的基本要素和税额计算。通过学习，要求理解车船税的概念及特征，重点掌握车船税的基本法律规定以及应纳税额的计算。

【任务导入】

汽车已经进入千家万户，但是在买车时，你有没有了解过买车应负担的税负呢？其中就需要每年缴纳车船税。那么，购买哪种车时税负低呢？

任务准备

一、车船税的概念及特征

（一）车船税的概念

车船税是指对在中国境内的车辆、船舶的所有人或者管理人征收的一种税。

（二）车船税的特征

1. 具有财产税的性质

车船税的纳税人是车辆、船舶的所有人或者管理人，因此带有财产税的性质。

2. 具有单项财产税的特点

车船税属于单项财产税，不仅征税对象仅限于车船类运输工具，而且，对不同的车、不同的船还规定了不同的征收标准。

3. 实行分类、分级（项）定额税率

车船税首先划分车辆与船舶，实行定额税率。车辆采用分类、分项幅度税额，以适

应我国各地经济发展不平衡、车辆种类繁多、大小不同的实际情况。

二、车船税的基本要素

（一）纳税人

车船税的纳税人是指在中国境内的车辆、船舶的所有人或者管理人。

从事机动车交通事故责任强制保险业务的保险机构为机动车车船税的扣缴义务人。纳税人应该在购买机动车交通事故责任强制保险的同时缴纳车船税。

【学中思】为什么规定保险机构代收代缴机动车的车船税？

（二）征税范围

1. 车辆

车辆具体包括：乘用车、商用客车、商用货车、专用作业车、轮式专用机械车、摩托车。

2. 船舶

船舶具体包括：机动船舶、游艇。

☞ 税思育人·税规律心

为什么对乘用车按排气量征税？

对乘用车按排气量征税，主要基于以下考虑：从理论上讲，车船税作为财产税，其计税依据应当是车船的评估价值。但从实际情况看，车船价值难以评估。据统计分析，乘用车的排气量与其价值总体上存在显著的正相关关系，排气量越大，销售价格越高。据测算，排气量与价格之间相关系数高达0.97175。从征管角度看，按排气量征税简便易行，在计税依据方面，排气量是替代价值或评估值的最佳选择。据了解，英国、德国、日本、韩国等都选择以排气量作为机动车保有环节征税的计税依据。如日本对乘用车按10档排气量征税，韩国对乘用车按6档排气量征税。

（三）税目与税率

车船税采用定额税率，即对征税的车船规定单位固定税额（见表5-1）。

车辆的具体适用税额由省、自治区、直辖市人民政府依照《中华人民共和国车船税法》确定。

船舶的具体适用税额由国务院在车船税法所附车船税税目税额表规定的税额幅度内确定。

表5-1 车船税税目税额表

税目	按发动机气缸容量（排气量）分档	计税单位	年基准税额	备注
乘用车	1升（含）以下的	每辆	60～360元	核定载客人数9人（含）以下
	1升以上至1.6升（含）的		300～540元	
	1.6升以上至2升（含）的		360～660元	

续表

税目		按发动机气缸容量（排气量）分档	计税单位	年基准税额	备注
乘用车		2升以上至2.5升（含）的	每辆	660～1 200元	核定载客人数9人（含）以下
		2.5升以上至3升（含）的		1 200～2 400元	
		3升以上至4升（含）的		2 400～3 600元	
		4升以上的		3 600～5 400元	
商用车	客车		每辆	480~1 440元	核定载客人数9人以上，包括电车
	货车		整备质量每吨	16～120元	包括半挂牵引车、三轮汽车和低速载货汽车等
挂车			整备质量每吨	按照货车税额的50%计算	
其他车辆	专用作业车		整备质量每吨	16～120元	不包括拖拉机
	轮式专用机械车		整备质量每吨	16～120元	不包括拖拉机
摩托车			每辆	36～180元	
船舶	机动船舶		净吨位每吨	3～6元	拖船、非机动驳船分别按照机动船舶税额的50%计算
	游艇		艇身长度每米	600～2 000元	

三、车船税的计算

（一）计税依据

（1）乘用车、商用客车、摩托车，以“辆”为计税依据。

（2）商用货车、挂车、专用作业车、轮式专用机械车，以“整备质量”为计税依据。

（3）船舶，以“净吨位”为计税依据。

（4）游艇，以“艇身长度”为计税依据。

（二）应纳税额的计算

（1）乘用车、摩托车和商用客车应纳税额的计算。其计算公式为：

应纳税额=应税车辆数量×单位税额

（2）商用车货车、挂车等应纳税额的计算。其计算公式为：

应纳税额=整备质量吨位数×单位税额

（3）机动船应纳税额的计算。其计算公式为：

应纳税额=净吨位数×单位税额

（4）游艇应纳税额的计算。其计算公式为：

应纳税额=艇身长度×单位税额

【学中练·例5-3】顺发贸易公司2023年拥有载货汽车20辆（每辆货车整备质量为12吨）、客车10辆、乘用车6辆。

要求：计算该公司应缴纳的车船税（注：载货汽车每吨年税额为72元，客车每辆年税额为1 000元，乘用车每辆年税额为360元）。

【解析】（1）载货汽车的应纳税额=72×12×20=17 280（元）

（2）客车的应纳税额=1 000×10=10 000（元）

（3）乘用车的应纳税额=360×6=2 160（元）

应纳税额=17 280+10 000+2 160=29 440（元）

四、车船税的税收优惠

下列车船免征车船税：

（1）捕捞、养殖渔船。

（2）军队、武装警察部队专用的车船。

（3）警用车船。

（4）悬挂应急救援专用号牌的国家综合性消防救援车辆和国家综合性消防救援专用船舶。

（5）依照法律规定应当予以免税的外国驻华使领馆、国际组织驻华代表机构及其有关人员的车船。

对节约能源的车船，减半征收车船税；对使用新能源的车船，免征车船税。

省、自治区、直辖市人民政府根据当地实际情况，可以对公共交通车船，农村居民拥有并主要在农村地区使用的摩托车、三轮汽车和低速载货汽车定期减征或者免征车船税。

五、车船税的征收管理

（一）纳税义务发生时间

车船税纳税义务发生时间为取得车船所有权或者管理权的当月。

（二）纳税期限

车船税按年申报缴纳。纳税年度自公历1月1日起至12月31日止。具体申报纳税期限由省、自治区、直辖市人民政府确定。

（三）纳税地点

车船税的纳税地点为车船的登记地或者车船税扣缴义务人所在地。依法不需要办理登记的车船，车船税的纳税地点为车船的所有人或者管理人所在地。

线上拓税

山东省车船税税目税额表

任务训练

一、单项选择题

1.车船税的所有人或者管理人未缴纳车船税的，应当代为缴纳车船税的是（　　）。

A.车船所有人　　B.车船使用人

C.车船承租人　　D.税务机关认定的纳税人

2.乘用车的计税依据是（　　）。

A.购买价格　　B.辆

C.净吨位　　D.自重吨位

3.商用货车的计税依据是（　　）。

A.自重吨位　　B.净吨位

C.整备质量　　D.辆

4.下列车船中，应计算缴纳车船税的是（　　）。

A.军队专用车船　　B.法院的警用车辆

C.人力三轮车　　D.企业接送职工上下班的班车

5.车船税的纳税义务发生时间，为车船管理部门核发的车船登记证书或者行驶证书所记载日期的（　　）。

A.当日　　B.当月

C.次日　　D.次月10日前

二、多项选择题

1.根据车船税法律制度的规定，下列使用的车船应征收车船税的有（　　）。

A.私人拥有的汽车

B.外商投资企业拥有的汽车

C.国有运输企业拥有的货船

D.旅游公司拥有的客船

2.下列车辆中，不征或免征车船税的有（　　）。

A.自行车　　B.警用汽车

C.新能源汽车　　D.节能汽车

3.下列车船中，可享受车船税减免政策的有（　　）。

A.货运车船　　　　B.农用汽车

C.警用车船　　　　D.捕捞渔船

三、业务计算题

某公司2023年自有货车8辆（每辆整备质量7吨）、商用大客车2辆（均为12座）、小轿车10辆。已知商用大客车单位税额为650元/辆，商用货车单位税额均为100元/吨，小轿车单位税额为400元/辆。

要求：计算该公司2023年应缴纳的车船税。

参考答案

任务三　契税

任务概要

本任务主要介绍契税的基本要素和税额计算。通过学习，要求理解契税的概念及特征，重点掌握契税的基本法律规定以及应纳税额的计算。

【任务导入】

小华的爸爸最近准备卖掉旧房，换一套较大面积的新房。他知道卖房子需要缴纳增值税、个人所得税等，但听说买房子还需要交契税，这是怎么回事呢？

任务准备

一、契税的概念及特征

（一）契税的概念

契税是以所有权发生转移变动的不动产为征税对象，向产权承受人征收的一种税。

（二）契税的特征

1.契税属于财产转移税

契税以发生转移的不动产，即土地和房屋为征税对象，具有财产转移课税性质。土地、房屋产权未发生转移的，不征收契税。

2.契税由财产承受人缴纳

一般税种都以确定的销售者为纳税人，即卖方纳税。契税则属于土地、房屋产权发生交易过程中的财产税，由承受人纳税，即买方纳税。对买方征税的主要目的在于承认不动产转移生效，承受人纳税后，便可拥有转移过来的不动产产权或使用权，法律保护纳税人的合法权益。

二、契税的基本要素

（一）纳税人

在中国境内转移土地、房屋权属，承受的单位和个人为契税的纳税人。

（二）征税范围

契税的征税对象为发生土地使用权和房屋所有权权属转移的土地和房屋。契税的征收范围包括单位和个人所有在中国境内的转移土地、房屋权属的行为，具体指下列行为。

1.国有土地使用权出让

土地使用权出让是指国家以土地所有者的身份将土地使用权在一定年限内让与土地使用者，并由土地使用者向国家支付土地使用权出让金的行为。

2.土地使用权转让

土地使用权转让是指土地使用者以出售、赠与、交换或者其他方式将土地使用权转移给其他单位和个人的行为，但不包括农村集体土地承包经营权的转移。

土地使用权出售是指土地使用者以土地使用权作为交换条件，取得货币、实物或者其他经济利益的行为。

土地使用权赠与是指土地使用者将土地使用权无偿转让给受赠者的行为。

土地使用权交换是指土地使用者之间相互交换土地使用权的行为。

3.房屋买卖

房屋买卖是指以货币为媒介，出卖者向购买者让渡房产所有权的交易行为。以下几种特殊情况，视同买卖房屋：

（1）以房产抵债或实物交换房屋

经当地政府和有关部门批准，以房产抵债和实物交换房屋，均视同房屋买卖，应由产权承受人，按房屋现值缴纳契税。

（2）以房产作投资或作股权转让

这种交易属于房屋产权转移，应根据国家房地产管理的有关规定，办理房屋产权交易和产权变更登记手续，视同房屋买卖，由产权承受方按买价乘以契税税率缴纳契税。

以自有房产作股投入本人经营企业，免征契税。以自有房产投入本人独资经营的企业，产权所有人和使用人未发生变化的，不需办理房产变更手续，也不需办理契税。

（3）买房拆料或翻建新房

买房拆料或翻建新房，应照章征收契税。

4.房屋赠与

房屋赠与是指房屋产权所有人将房屋无偿转让给他人所有。以获奖方式取得房屋产权的，其实质是接受赠与房产，应照章缴纳契税。

5.房屋交换

房屋产权相互交换，双方交换价值相等，免征契税，办理免征契税手续。其价值不等的，按超出部分由支付差价方缴纳契税。

【学中思】契税与土地增值税在征税范围上有哪些异同？

（三）税率

契税实行3%~5%的幅度比例税率。实行幅度比例税率是考虑到我国经济发展的不平衡、各地经济差别较大的实际情况。因此，各省、自治区、直辖市人民政府可以在3%~5%的幅度比例税率规定范围内，按照本地区的实际情况确定契税税率。

☞ 税思育人·税史鉴心

契税的历史变革

中国契税起源于东晋时期的“估税”，至今已有1 600多年的历史。当时规定，凡买卖田宅、奴婢、牛马，立有契据者，每1万钱交易额官府征收400钱，即税率为4%，其中卖方缴纳3%，买方缴纳1%。北宋开宝二年（公元969年），开始征收印契钱（性质上是税，只是名称为钱）。这时不再由买卖双方分摊，而是由买方缴纳了。

中华人民共和国成立后，原政务院于1950年发布《契税暂行条例》，规定对土地、房屋的买卖、典当、赠与和交换征收契税。

为充分发挥契税筹集财政收入和调控房地产市场的功能，1997年7月7日，国务院发布了《中华人民共和国契税暂行条例》。

2020年8月11日，第十三届全国人民代表大会常务委员会第二十一次会议通过《中华人民共和国契税法》，自2021年9月1日起施行。

三、契税的计算

（一）计税依据

契税的计税依据按照土地、房屋交易的不同情况确定。

（1）国有土地使用权出让、土地使用权出售、房屋买卖，其计税依据为成交价格。成交价格是指土地、房屋权属转移合同确定的价格，包括承受者应付的货币、实物、无形资产和其他经济利益，不包含增值税。

（2）土地使用权赠与、房屋赠与，其计税依据由征收机关参照土地使用权出售、房屋买卖的市场价格核定。

（3）土地使用权交换、房屋交换，其计税依据是所交换的土地使用权、房屋的价格差额。双方价格不相等的，由多支付货币、实物、无形资产和其他经济利益的一方按该差额计算纳税；交换价格相等的，免征契税。

此外，对成交价格明显低于市场价格而无正当理由的，或者交换土地使用权、房屋的价格差额明显不合理且无正当理由的，由税务机关核定。

（二）应纳税额的计算

契税的计算公式为：

应纳税额=计税依据×比例税率

【学中练·例5-4】居民李东于2023年购置了一套价值120万元的新住房，同时对原有的两套住房处理如下：一套出售给居民丁城，成交价格为50万元；另一套市场价格80万元的住房与居民王强进行等价交换。以上价款均不含增值税，当地政府规定比例税率为3%。

要求：计算居民李东应缴纳的契税。

【解析】（1）购置新房：应纳税额=120×3%=3.6（万元）

（2）销售住房，不缴纳契税。

（3）等价交换住房，免契税。

四、契税的税收优惠

（1）国家机关、事业单位、社会团体、军事单位承受土地、房屋权属用于办公、教学、医疗、科研、军事设施。

（2）非营利性的学校、医疗机构、社会福利机构承受土地、房屋权属用于办公、教学、医疗、科研、养老、救助。

（3）承受荒山、荒地、荒滩土地使用权用于农、林、牧、渔业生产。

（4）婚姻关系存续期间夫妻之间变更土地、房屋权属。

（5）法定继承人通过继承承受土地、房屋权属。

五、契税的征收管理

（一）纳税义务发生时间

契税的纳税义务发生时间是纳税人签订土地、房屋权属转移合同的当天，或者纳税人取得其他具有土地、房屋权属转移合同性质凭证的当天。

（二）纳税期限

纳税人应当在依法办理土地、房屋权属登记手续前申报缴纳契税。

（三）纳税地点

契税的纳税地点为土地、房屋所在地。

线上拓税

契税和土地增值税的区别

任务训练

一、单项选择题

1. 下列不属于契税的征税范围的是（　　）。

A. 房屋交换　　B. 以获奖方式取得房屋

C. 房屋出租　　D. 转让土地使用权

2. 下列有关契税的说法中，正确的是（　　）。

A. 等价房屋交换双方都需要缴纳契税

B. 不等价交换房屋由收到差价方支付契税

C. 不等价交换房屋由支付差价方支付契税

D. 李某获奖一套房屋，由于未支付价款而无须缴纳契税

3. 下列行为中，不属于契税的征税对象的是（　　）。

A. 国有土地使用权出让　　B. 国有土地使用权交换

C. 出售国有土地使用权　　D. 农村集体土地承包经营权转移

4. 房屋赠与缴纳契税的计税依据是（　　）。

A. 协定价格　　B. 核定价格

C. 市场价格　　D. 评估价格

5. 下列各项中，以差额作为契税计税依据的是（　　）。

A. 国有土地使用权出让　　B. 土地使用权出售

C. 房屋买卖　　D. 房屋交换

二、多项选择题

1. 契税的征税范围包括（　　）。

A. 国有土地使用权出让　　B. 国有土地使用权转让

C. 房屋出租　　D. 房屋交换

2. 下列各项中，可以享受契税免税优惠的有（　　）。

A. 李教授获奖商品房一套

B. 军队承受房屋用于军事设施

C. 王女士继承其父母的房屋

D. 黄先生承受荒山、荒地、荒滩土地使用权用于农、林、牧、渔业生产

3. 契税的计税依据有（　　）。

A. 房屋成交价格　　B. 房屋租金

C. 房屋余值　　D. 房屋交换的差额

三、业务计算题

某公司于2023年11月份以3 800万元购得某写字楼作为办公用房，已提折旧2 000万元。肉联厂因无力偿还该公司货款，以自有房产折价抵偿货款130万元，已办理产权过户手续。当地政府规定契税比例税率为3%。

要求：计算该公司应缴纳的契税。

参考答案

项目六　行为税制

知识目标

1. 理解印花税、车辆购置税、环境保护税和城市维护建设税的概念及特征。
2. 掌握印花税、车辆购置税、环境保护税和城市维护建设税的纳税人、征税范围、税率。
3. 掌握印花税、车辆购置税、环境保护税和城市维护建设税的应纳税额的计算方法。

能力目标

1. 能够界定印花税、车辆购置税、环境保护税和城市维护建设税的纳税人。
2. 能够判断印花税、车辆购置税、环境保护税和城市维护建设税的应税项目。
3. 能够计算印花税、车辆购置税、环境保护税和城市维护建设税的应纳税额。

素养目标

1. 培养精益求精的工匠精神。
2. 培养社会责任和爱国情怀。
3. 培养环保意识、绿色消费理念。

任务一　印花税

任务概要

本任务主要介绍印花税的基本要素和税额计算。通过学习，要求理解印花税的概念及特征，重点掌握印花税的基本法律规定以及应纳税额的计算。

【任务导入】

多数税种都是依照征税对象命名，印花税的名字很特殊，那么为什么叫印花税？需要从印花税的起源中寻找答案。

任务准备

一、印花税的概念及特征

（一）印花税的概念

印花税是对在我国境内书立应税凭证、进行证券交易的单位和个人征收的一种税。

由于纳税人可以在应税凭证上通过粘贴印花税票来完成纳税义务，因此称为印花税。

（二）印花税的特征

1.兼有凭证税和行为税性质

印花税是对书立应税凭证、进行证券交易行为征收的一种税，具有凭证税和行为税性质。

2.税收负担比较轻

印花税最高税率为1‰，最低税率为0.5‱。印花税与其他税种相比较，税率要低得多，其税负较轻，具有广集资金、积少成多的财政效应。

3.印花税可以采用粘贴印花税票的方式缴纳

印花税可以采用粘贴印花税票或者由税务机关依法开具其他完税凭证的方式缴纳，印花税票粘贴在应税凭证上的，由纳税人在每枚税票的骑缝处盖戳注销或者画销。

印花税票是缴纳印花税的完税凭证，由国家税务总局负责监制。其票面金额以人民币为单位，分为壹角、贰角、伍角、壹圆、贰圆、伍圆、拾圆、伍拾圆、壹佰圆9种。

【学中思】网上搜寻印花税票，看一看什么模样。

二、印花税的基本要素

（一）纳税人

在我国境内书立应税凭证、进行证券交易的单位和个人，为印花税的纳税人。

所谓单位和个人，是指国内各类企业、事业、机关、团体、部队以及中外合资企业、合作企业、外资企业、外国公司和其他经济组织及其在华机构等单位和个人。

在我国境外书立，在境内使用的应税凭证的单位和个人，应当缴纳印花税。

对应税凭证，凡由两方或两方以上当事人共同书立的，其当事人各方都是印花税的纳税人，应各就其所持凭证的计税金额履行纳税义务。

证券交易印花税对证券交易的出让方征收，不对受让方征收，由证券登记结算机构代扣代缴。

（二）征税范围

在我国境内书立应税凭证、进行证券交易，均应缴纳印花税。

1.应税凭证

应税凭证包括合同、产权转移书据和营业账簿。

（1）合同

在印花税税目税率表中列举了11种合同，具体包括：借款合同、融资租赁合同、买卖合同、承揽合同、建设工程合同、运输合同、技术合同、租赁合同、保管合同、仓储合同、财产保险合同。

企业之间书立的确定买卖关系、明确买卖双方权利义务的订单、要货单等单据，且未另外书立买卖合同的，应当按规定缴纳印花税。

（2）产权转移书据

产权转移书据包括土地使用权出让书据、土地使用权及房屋等建筑物和构筑物所有权转让书据、股权转让书据（不包括应缴纳证券交易印花税的）以及商标专用权、著作权、专利权、专有技术使用权转让书据。

（3）营业账簿

营业账簿是指记载实收资本（股本）、资本公积的账簿。

2.证券交易

证券交易是指转让在依法设立的证券交易所、国务院批准的其他全国性证券交易场所交易的股票和以股票为基础的存托凭证。

（三）税率

印花税的税率设计遵循"税负从轻、共同负担"的原则，所以税率比较低。印花税采用比例税率，分为五个档次，分别是0.05‰、0.25‰、0.3‰、0.5‰、1‰。

印花税税目税率表见表6-1。

表6-1　印花税税目税率表

税目		税率	备注
合同（指书面合同）	借款合同	借款金额的0.5‱	指银行业金融机构、经国务院银行业监督管理机构批准设立的其他金融机构与借款人（不包括同业拆借）的借款合同
	融资租赁合同	租金的0.5‱	
	买卖合同	价款的3‱	指动产买卖合同（不包括个人书立的动产买卖合同）
	承揽合同	报酬的3‱	
	建设工程合同	价款的3‱	
	运输合同	运输费用的3‱	指货运合同和多式联运合同（不包括管道运输合同）
	技术合同	价款、报酬或者使用费的3‱	不包括专利权、专有技术使用权转让书据
	租赁合同	租金的1‰	
	保管合同	保管费的1‰	
	仓储合同	仓储费的1‰	
	财产保险合同	保险费的1‰	不包括再保险合同

续表

税目		税率	备注
产权转移书据	土地使用权出让书据	价款的5‰	转让包括买卖（出售）、继承、赠与、互换、分割
	土地使用权、房屋等建筑物和构筑物所有权转让书据（不包括土地承包经营权和土地经营权转移）	价款的5‰	
	股权转让书据（不包括应缴纳证券交易印花税的）	价款的5‰	
	商标专用权、著作权、专利权、专有技术使用权转让书据	价款的3‰	
营业账簿		实收资本（股本）、资本公积合计金额的2.5‰	
证券交易		成交金额的1‰	自2023年8月28日起，证券交易印花税实施减半征收

同一应税凭证载有两个以上税目事项并分别列明金额的，按照各自适用的税目税率分别计算应纳税额；未分别列明金额的，从高适用税率。

☞ **税思育人·税规律心**

我国印花税法的历史改革

印花税起源于1624年的荷兰。1912年北洋政府公布了《印花税法》，印花税第一次进入大众视野。

中华人民共和国成立后，原政务院于1950年发布《印花税暂行条例》，成为当时征收的14个税种之一。1988年8月，国务院发布《中华人民共和国印花税暂行条例》，规定书立或者领受合同、产权转移书据、营业账簿和权利、许可证照等应税凭证的单位和个人应当缴纳印花税。1992年，国家统一对上海和深圳证券交易所的股票交易征收印花税。

2021年6月10日第十三届全国人民代表大会常务委员会第二十九次会议通过了《中华人民共和国印花税法》，自2022年7月1日起施行。

三、印花税的计算

（一）计税依据

（1）应税合同的计税依据，为合同所列的金额，不包括列明的增值税税款。

（2）应税产权转移书据的计税依据，为产权转移书据所列的金额，不包括列明的增值税税款。

（3）应税营业账簿的计税依据，为账簿记载的实收资本（股本）、资本公积合计金额。

（4）证券交易的计税依据，为成交金额。

应税合同、产权转移书据未列明金额的，印花税的计税依据按照实际结算的金额确定。

证券交易无转让价格的，按照办理过户登记手续时该证券前一个交易日收盘价计算确定计税依据；无收盘价的，按照证券面值计算确定计税依据。

同一应税合同、应税产权转移书据中涉及两方以上纳税人，且未列明纳税人各自涉及金额的，以纳税人平均分摊的应税凭证所列金额（不包括列明的增值税税款）确定计税依据。

（二）应纳税额的计算方法

印花税的应纳税额按照计税依据乘以适用税率计算。其计算公式为：

应纳税额=计税依据×比例税率

同一应税凭证由两方以上当事人书立的，按照各自涉及的金额分别计算应纳税额。

已缴纳印花税的营业账簿，以后年度记载的实收资本（股本）、资本公积合计金额比已缴纳印花税的实收资本（股本）、资本公积合计金额增加的，按照增加部分计算应纳税额。

未履行的应税合同、产权转移书据，已缴纳的印花税不予退还及抵缴税款。

纳税人多贴的印花税票，不予退税及抵缴税款。

【学中练·例6-1】某企业于2023年第3季度签订产品购销合同1份，所载金额为48万元；与工行签订借款合同1份，借款金额为30万元。

要求：计算该企业应缴纳的印花税。

【解析】（1）订立产品购销合同应纳税额：

应纳税额=480 000×0.000 3=144（元）

（2）订立借款合同应纳税额：

应纳税额=300 000×0.000 05=15（元）

应纳税额=144+15=159（元）

四、印花税的税收优惠

下列凭证免征印花税：

（1）应税凭证的副本或者抄本。

（2）农民、家庭农场、农民专业合作社、农村集体经济组织、村民委员会购买农业生产资料或者销售农产品书立的买卖合同和农业保险合同。

（3）无息或者贴息借款合同、国际金融组织向中国提供优惠贷款书立的借款合同。

（4）财产所有权人将财产赠与政府、学校、社会福利机构、慈善组织书立的产权转移书据。

（5）个人与电子商务经营者订立的电子订单。

五、印花税的征收管理

（一）纳税义务发生时间

印花税的纳税义务发生时间为纳税人书立应税凭证或者完成证券交易的当日。

证券交易印花税扣缴义务发生时间为证券交易完成的当日。

（二）纳税期限

印花税按季、按年或者按次计征。实行按季、按年计征的，纳税人应当自季度、年度终了之日起十五日内申报缴纳税款；实行按次计征的，纳税人应当自纳税义务发生之日起十五日内申报缴纳税款。

证券交易印花税按周解缴。证券交易印花税扣缴义务人应当自每周终了之日起五日内申报解缴税款以及银行结算的利息。

（三）纳税地点

纳税人为单位的，应当向其机构所在地的主管税务机关申报缴纳印花税；纳税人为个人的，应当向应税凭证书立地或者纳税人居住地的主管税务机关申报缴纳印花税。

不动产产权发生转移的，纳税人应当向不动产所在地的主管税务机关申报缴纳印花税。

（四）缴纳办法

印花税可以采用粘贴印花税票或者由税务机关依法开具其他完税凭证的方式缴纳。

印花税票粘贴在应税凭证上的，由纳税人在每枚税票的骑缝处盖戳注销或者画销。

线上拓税

印花税具体事项政策执行口径

任务训练

一、单项选择题

1.证券交易印花税的纳税人是（　　）。

A.出让方　　B.受让方

C.受让方和出让方　　D.证券交易机构

2.书立经济合同中，印花税的纳税人是（　　）。

A.当事人　　B.担保人

C.证人　　D.鉴定人

3.下列关于印花税的征收管理，说法不正确的是（　　）。

A.纳税义务发生时间为纳税人书立应税凭证或者完成证券交易的次日

B.纳税义务发生时间为纳税人书立应税凭证或者完成证券交易的当日

C.印花税按季、按年或者按次计征

D. 不动产产权发生转移的纳税地点为不动产所在地主管税务机关

4. 甲企业将货物卖给乙企业，双方订立了购销合同，丙企业作为该合同的担保人，丁先生作为证人，戊单位作为鉴定人，则该购销合同印花税的纳税人为（　　）。

A. 甲企业和乙企业

B. 甲企业、乙企业和戊单位

C. 甲企业、乙企业和丙企业

D. 甲企业、乙企业、丙企业、丁先生和戊单位

5. 下列凭证不属于免征印花税范围的是（　　）。

A. 应税凭证的副本或者抄本

B. 无息或者贴息借款合同

C. 个人与电子商务经营者订立的电子订单

D. 企业之间书立的确定买卖关系、明确买卖双方权利义务的订单、要货单

二、多项选择题

1. 下列选项中，应征收印花税的有（　　）。

A. 应税合同　　B. 产权转移书据

C. 营业账簿　　D. 证券交易

2. 营业账簿的印花税的计税依据有（　　）。

A. 实收资本　　B. 盈余公积

C. 资本公积　　D. 注册资本

3. 下列各项中，应按“产权转移书据”税目征收印花税的有（　　）。

A. 商品房销售合同　　B. 土地使用权转让合同

C. 商品销售合同　　D. 商标专用权转让书据

三、业务计算题

长宏公司于2024年1月开业，订立转移专用技术使用权书据1件，所载金额25万元；订立产品销货合同1份，所载金额40万元。该公司营业账簿中资金账簿记载实收资本和资本公积两项合计金额300万元。

要求：计算该公司应缴纳的印花税。

参考答案

任务二　车辆购置税

任务概要

本任务主要介绍车辆购置税的基本要素和税额计算。通过学习，要求理解车辆购置

税的概念及特征，重点掌握车辆购置税的基本法律规定以及应纳税额的计算。

【任务导入】

小李去年生育了三孩，想换辆新车，最近刚刚相中了一辆油电混动越野车。当他去上牌照准备交车辆购置税时，工作人员告诉他新能源汽车免税，这让他喜出望外。多年不关注汽车，目前哪些车可以享受税收优惠政策呢？

任务准备

一、车辆购置税的概念及特征

（一）车辆购置税的概念

车辆购置税是对在中国境内购置应税车辆并自用的单位和个人，就其购置的应税车辆征收的一种税。

（二）车辆购置税的特征

1.征收范围单一

车辆购置税以购置的特定车辆为征税对象，而不是对所有的财产或消费财产征税，范围窄，是一种特种财产税。

2.征收环节单一

车辆购置税实行一次性课征制，它不是在生产、经营和消费的每个环节道道征收，而是在消费领域中的特定环节一次征收。

3.价外征收，不转嫁税负

征收车辆购置税的商品价格中不含车辆购置税税额，车辆购置税是附加在价格之外的，且征收的缴纳者即为最终的税收负担者，税负没有转嫁性。

二、车辆购置税的基本要素

（一）纳税人

在中国境内购买、进口、自产、受赠、获奖或者其他方式取得并自用应税车辆的单位和个人，为车辆购置税的纳税人。

（二）征税范围

车辆购置税的征收范围包括汽车、有轨电车、汽车挂车、排气量超过150毫升的摩托车。

（三）税率

车辆购置税的税率为10%。

☞ 税思育人·税史鉴心

我国新能源汽车保有量1 310万辆 呈高速增长态势

截至2022年年底，全国机动车保有量4.17亿辆。汽车保有量3.19亿辆，占机动车总量的76.59%；摩托车保有量8 072万辆，占机动车总量的19.38%。

全国新能源汽车保有量1 310万辆，占汽车总量的4.1%，其中，纯电动汽车保有量

1 045万辆，占新能源汽车总量的79.78%。新注册登记新能源汽车数量从2018年的107万辆到2022年的535万辆，呈高速增长态势。

全国机动车驾驶人数量5.02亿，其中汽车驾驶人4.64亿，占驾驶人总数的92.54%。

全国有84个城市汽车保有量超过百万辆，其中北京、成都、重庆、上海超过500万辆。

资料来源：根据中国政府网2023-01-11相关报道整理得来。

三、车辆购置税的计算

(一）计税价格

（1）纳税人购买自用应税车辆的计税价格，为纳税人购买应税车辆而支付给销售者的全部价款，不包括增值税。纳税人购车发票的价格包括增值税税款的，在确定车辆购置税计税价格时，应将其换算为不含增值税的销售价格。其计算公式为：

计税价格=含增值税的销售价格÷（1+13%）

（2）纳税人进口自用的应税车辆的计税价格。其计算公式为：

计税价格=关税完税价格+关税+消费税

（3）纳税人自产自用应税车辆的计税价格，按照纳税人生产的同类应税车辆的销售价格确定，不包括增值税。

（4）纳税人以受赠、获奖或者其他方式取得自用应税车辆的计税价格，按照购置应税车辆时相关凭证载明的价格确定，不包括增值税。

纳税人申报的应税车辆计税价格明显偏低，又无正当理由的，由税务机关依照《中华人民共和国税收征收管理法》的规定核定。

(二）应纳税额的计算

车辆购置税实行从价定率计算应纳税额，其计算公式为：

应纳税额=计税价格×税率

【学中练·例6-2】2023年12月，王华从广汽丰田汽车有限公司购买一辆小汽车供自己使用，支付价款120 910元（含增值税），并取得机动车销售统一发票和有关票据。

要求：计算王华应缴纳的车辆购置税。

【解析】应纳税额=120 910÷（1+13%）×10%=10 700（元）

四、车辆购置税的税收优惠

（1）依照法律规定应当予以免税的外国驻华使馆、领事馆和国际组织驻华机构及其有关人员自用的车辆。

（2）中国人民解放军和中国人民武装警察部队列入装备订货计划的车辆。

（3）悬挂应急救援专用号牌的国家综合性消防救援车辆。

（4）设有固定装置的非运输专用作业车辆。

（5）城市公交企业购置的公共汽电车辆。

为支持新能源汽车产业发展，促进汽车消费，对购置日期为2024年1月1日—2025年12月31日的新能源汽车免征车辆购置税，其中，每辆新能源乘用车免税额不超过3万元；对购置日期为2026年1月1日—2027年12月31日的新能源汽车减半征收车辆购置税，其中，每辆新能源乘用车减税额不超过1.5万元。

【学中思】根据税收优惠政策，购买什么样的车享受的优惠政策最大？

五、车辆购置税的征收管理

（一）纳税义务发生时间

车辆购置税的纳税义务发生时间为纳税人购置应税车辆的当日。

（二）纳税期限

纳税人应当在向公安机关、交通管理部门办理车辆注册登记前，缴纳车辆购置税。

纳税人应当自纳税义务发生之日起60日内申报缴纳车辆购置税。

车辆购置税采取单一环节的一次课征制度，购置已征车辆购置税的车辆，不再征收车辆购置税。

（二）纳税地点

纳税人购置应税车辆，应当向车辆登记注册地的主管税务机关申报缴纳车辆购置税；纳税人购置无须办理车辆登记注册手续的应税车辆，应当向纳税人所在地的主管税务机关申报缴纳车辆购置税。

线上拓税

新能源汽车车辆购置税减免政策解读

任务训练

一、单项选择题

1.车辆购置税的税率是（　　）。

A.3%　　B.5%

C.10%　　D.15%

2.下列免征车辆购置税的车辆是（　　）。

A.有轨电车　　B.消防部门警车

C.汽车挂车　　D.小轿车

3.纳税人购买自用应税车辆的计税价格，不包括（　　）。

A.全部价款　　B.价外费用

C.增值税　　D.消费税

4.纳税人进口自用的应税车辆的计税价格为（　　）。

A.关税完税价格+关税+消费税

B.关税完税价格+关税+增值税

C. 关税完税价格+关税

D. 关税完税价格+消费税

5.购买自用应税车辆的，应当自购买之日起（　　）内申报缴纳车辆购置税。

A.30日　　B.60日

C.7日　　D.15日

二、多项选择题

1.下列各项中，属于车辆购置税的应税行为的有（　　）。

A.购买使用行为　　B.进口使用行为

C.受赠使用行为　　D.获奖使用行为

2.下列各项中，属于车辆购置税的征税范围的有（　　）。

A汽车　　B有轨电车

C汽车挂车　　D排气量超过150毫升的摩托车

3.下列业务中，应缴纳车辆购置税的有（　　）。

A.购买应税车辆并自用　　B.进口应税车辆并自用

C.自产应税车辆并自用　　D.获奖应税车辆并自用

三、业务计算题

临海市信达会计服务公司于2023年12月从汽车销售公司购买一辆轿车自用，支付价款225 000元（含增值税），支付的各项价款均由汽车销售公司开具机动车统一发票。

要求：计算该公司应缴纳的车辆购置税。

参考答案

任务三　环境保护税

任务概要

本任务主要介绍环境保护税的基本要素和税额计算。通过学习，要求理解环境保护税的概念及特征，重点掌握环境保护税的基本法律规定以及应纳税额的计算。

【任务导入】

小刘同学："老师，吃炸鸡需要缴税吗？"

老师："吃炸鸡并不需要缴税，但是养鸡场需要缴纳环境保护税。"

同学们想一想，为什么要对养殖业进行环境保护税的征收呢？

任务准备

一、环境保护税的概念及特征

（一）环境保护税的概念

环境保护税是对在中国领域和中国管辖的其他海域，直接向环境排放应税污染物的企业事业单位和其他生产经营者征收的一种税。

（二）环境保护税的特征

1. 征税项目为四种重点污染源

根据排污费项目设置税目，对大气污染物、水污染物、固体废物、噪声等四种重点污染源收费。待条件成熟后，将把有关污染物如挥发性有机物等也列入，扩大征税范围。

2. 纳税人主要是企事业单位和其他经营者

根据环境保护税法，直接向环境排放应税污染物的企业事业单位和其他生产经营者为环境保护税的纳税人，而家庭和个人即便有排放污染物的行为，也不属于环境保护税的纳税人。

3. 直接排放应税污染物是必要条件

与其他税种不同，环境保护税的征税环节是直接向环境排放应税污染物的排放环节。如果企业事业单位和其他生产经营者是将污染物集中或排放到污染物处理场所，或者企事业单位和经营者将废弃物进行综合利用和无害化处理，则不需要按照环境保护税法缴税。

4. 税额为统一定额税和浮动定额税结合

目前环境保护税额实行统一定额税和浮动定额税相结合的方法。对于固体废弃物和噪声污染实行的是全国统一的定额税制，对于大气和水污染物实行各省浮动的定额税制。

5. 税收收入全部归地方

为鼓励地方做好污染防治的积极性，对环境保护税的收入中央不再参加分成，税收收入全部归地方，用于地方治理环境污染。

☞ 税思育人·税规律心

什么是绿色税收？

绿色税收是对投资于防治污染或环境保护的纳税人给予的税收减免，或对污染行业和污染物的使用所征收的税。

绿色税收是以保护环境、合理开发利用自然资源，推进绿色生产和消费为目的，建立开征以保护环境的生态税收的“绿色”税制，从而保持人类的可持续发展。

2015年6月，我国中共中央、国务院印发《关于加快推进生态文明建设的意见》，首次明确提出“绿色化”概念，正式开启对环境保护的费改税制度。

2016年12月，随着《中华人民共和国环境保护税法》的出台，我国的绿色税收体系开始了一个新的时期。

在“十三五”期间，“绿色”就成为一种发展理念。经过“十三五”期间税改绿色转型，我国已基本构建起多税种、多层次调节的绿色税收体系。

资料来源：根据中央财经大学绿色金融国际研究院公众号2022-07-13相关报道整理得来。

二、环境保护税的基本要素

（一）纳税人

在中国领域和中国管辖的其他海域，直接向环境排放应税污染物的企业事业单位和其他生产经营者为环境保护税的纳税人。

向依法设立的污水集中处理场所、生活垃圾集中处理场所排放应税污染物的，在符合国家和地方环境保护标准的设施、场所贮存或者处置固体废物的，不属于直接向环境排放污染物，不用缴纳环境保护税。

（二）征税范围

环境保护税的征税范围包括四大类：大气污染物、水污染物、固体废物、噪声。

其中，固体废物包括煤矸石、尾矿、危险废物、冶炼渣、粉煤灰、炉渣以及其他固定废物。噪声，仅包含工业噪声，是指在工业生产活动中产生的超过国家规定标准的声音。

（三）税率

环境保护税实行从量定额征收，目前实行统一定额税和浮动定额税相结合的方法。对于固体废弃物和噪声污染实行的是全国统一的定额税制，对于大气和水污染物实行各省浮动定额税制，既有上限，又有下限。大气和水污染物的税额下限沿用排污费最低标准，即每污染物当量1.2元和1.4元，税额上限则设定为下限的10倍，分别为每污染物当量12元和14元。具体适用税额的确定和调整，由各省、自治区、直辖市人民政府统筹考虑本地区环境承载能力、污染物排放现状和经济社会生态发展目标要求，在环境保护税税目税额表规定的税额幅度内提出，报同级人民代表大会常务委员会决定，并报全国人民代表大会常务委员会和国务院备案。环境保护税税目税额表见表6-2。

表6-2 环境保护税税目税额表

税目		计税单位	税额	备注
大气污染物		每污染当量	1.2～12元	
水污染物		每污染当量	1.4～ 14元	
固体废物	煤矸石	每吨	5元	
	尾矿	每吨	15元	
	危险废物	每吨	1 000元	
	冶炼渣、粉煤灰、炉渣、其他固体废物（含半固态、液态废物）	每吨	25元	

续表

税目		计税单位	税额	备注
噪声	工业噪声	超标1～3分贝	每月350元	1.一个单位边界上有多处噪声超标，根据最高一处超标声级计算应纳税额；当沿边界长度超过100米有两处以上噪声超标，按照两个单位计算应纳税额。 2.一个单位有不同地点作业场所的，应当分别计算应纳税额，合并计征。 3.昼、夜均超标的环境噪声，昼、夜分别计算应纳税额，累计计征。 4.声源一个月内超标不足15天的，减半计算应纳税额。 5.夜间频繁突发和夜间偶然突发厂界超标噪声，按等效声级和峰值噪声两种指标中超标分贝值高的一项计算应纳税额
		超标4～6分贝	每月700元	
		超标7～9分贝	每月1 400元	
		超标10～12分贝	每月2 800元	
		超标13～15分贝	每月5 600元	
		超标16分贝以上	每月11 200元	

三、环境保护税的计算

环境保护税实行从量定额征收。其计算公式为：

应纳税额=应税污染物的计税依据×具体适用税额

（一）应税污染物的计税依据

（1）应税大气污染物按照污染物排放量折合的污染当量数确定。

（2）应税水污染物按照污染物排放量折合的污染当量数确定。

（3）应税固体废物按照固体废物的排放量确定。

（4）应税噪声按照超过国家规定的标准分贝数确定。

应税大气污染物、水污染物的污染当量数，以该污染物的排放量除以该污染物的污染当量值计算。每种应税大气污染物、水污染物的具体污染当量值，依照应税污染物的污染当量值执行。其计算公式为：

应税大气污染物、水污染物的污染当量数=排放量÷污染当量值

每一排放口或者没有排放口的应税大气污染物，按照污染当量数从大到小排序，对前三项污染物征收环境保护税。

每一排放口的应税水污染物，按照应税污染物的污染当量值，区分第一类水污染物和其他类水污染物，按照污染当量数从大到小排序，对第一类水污染物按照前五项征收

环境保护税，对其他类水污染物按照前三项征收环境保护税。污染当量值表见表6-3、表6-4、表6-5、表6-6、表6-7。

表6-3　　第一类水污染物污染当量值

污染物	污染当量值/千克
1.总汞	0.000 5
2.总镉	0.005
3.总铬	0.04
4.六价铬	0.02
5.总砷	0.02
6.总铅	0.025
7.总镍	0.025
8.苯并（a）芘	0.000 000 3
9.总铍	0.01
10.总银	0.02

表6-4　　第二类水污染物污染当量值

污染物	污染当量值/千克
11.悬浮物（SS）	4
12.生化需氧量（BOD5）	0.5
13.化学需氧量（COD）	1
14.总有机碳（TOC）	0.49
15.石油类	0.1
16.动植物油	0.16
17.挥发酚	0.08
18.总氰化物	0.05
19.硫化物	0.125
20.氨氮	0.8
21.氟化物	0.5
22.甲醛	0.125
23.苯胺类	0.2

续表

污染物	污染当量值/千克
24.硝基苯类	0.2
25.阴离子表面活性剂（LAS）	0.2
26.总铜	0.1
27.总锌	0.2
28.总锰	0.2
29.彩色显影剂（CD-2）	0.2
30.总磷	0.25
31.元素磷（以P计）	0.05
32.有机磷农药（以P计）	0.05
33.乐果	0.05
34.甲基对硫磷	0.05
35.马拉硫磷	0.05
36.对硫磷	0.05
37.五氯酚及五氯酚钠（以五氯酚计）	0.25
38.三氯甲烷	0.04
39.可吸附有机卤化物（AOX）（以Cl计）	0.25
40.四氯化碳	0.04
41.三氯乙烯	0.04
42.四氯乙烯	0.04
43.苯	0.02
44.甲苯	0.02
45.乙苯	0.02
46.邻-二甲苯	0.02
47.对-二甲苯	0.02
48.间-二甲苯	0.02
49.氯苯	0.02
50.邻二氯苯	0.02

续表

污染物	污染当量值/千克
51.对二氯苯	0.02
52.对硝基氯苯	0.02
53.2.4–二硝基氯苯	0.02
54.苯酚	0.02
55.间–甲酚	0.02
56.2.4–二氯酚	0.02
57.2.4.6–三氯酚	0.02
58.邻苯二甲酸二丁酯	0.02
59.邻苯二甲酸二辛酯	0.02
60.丙烯腈	0.125
61.总硒	0.02

说明：1.第一、二类污染物的分类依据为《污水综合排放标准》（GB 8978–1996）。

2.同一排放口中的化学需氧量（COD）、生化需氧量（BOD5）和总有机碳（TOC），只征收一项。

表6–5　　pH值、色度、大肠菌群数、余氯量污染当量值

污染物		污染当量值
1.pH值	1. 0～1，13～14 2.1～2，12~13 3.2～3，11～12 4.3～4，10～11 5.4～5，9～10 6.5～6	0.06吨污水 0.125吨污水 0.25吨污水 0.5吨污水 1吨污水 5吨污水
2.色度		5吨水·倍
3.大肠菌群数（超标）		3.3吨污水
4.余氯量（用氯消毒的医院废水）		3.3吨污水

说明：1.大肠菌群数和总余氯只征收一项。

2.pH值5～6，是指大于等于5，小于6；pH值9～10，是指大于9，小于等于10，依此类推。

表6-6　**禽畜养殖业、小型企业和第三产业污染当量值**

类型		污染当量值
禽畜养殖场	1.牛	0.1头
	2.猪	1头
	3.鸡、鸭等家禽	30羽
4.小型企业		1.8吨污水
5.饮食娱乐服务业		0.5吨污水
6.医院	消毒	0.14床
		2.8吨污水
	不消毒	0.07床
		1.4吨污水

说明：1.本表仅适用于计算无法进行实际监测或物料衡算的禽畜养殖业、小型企业和第三产业等小型排污者的污染当量数。

2.仅对存栏规模大于50头牛，500头猪，5 000羽鸡、鸭等的禽畜养殖场征收。

3.医院病床数大于20张的按本表计算污染当量。

表6-7　**大气污染物污染当量值**

污 染 物	污染当量值/千克
1.二氧化硫	0.95
2.氮氧化物	0.95
3.一氧化碳	16.7
4.氯气	0.34
5.氯化氢	10.75
6.氟化物	0.87
7.氰化氢	0.005
8.硫酸雾	0.6
9.铬酸雾	0.000 7
10.汞及其化合物	0.000 1
11.一般性粉尘	4
12.石棉尘	0.53
13.玻璃棉尘	2.13

续表

污染物	污染当量值/千克
14. 碳黑尘	0.59
15. 铅及其化合物	0.02
16. 镉及其化合物	0.03
17. 铍及其化合物	0.000 4
18. 镍及其化合物	0.13
19. 锡及其化合物	0.27
20. 烟尘	2.18
21. 苯	0.05
22. 甲苯	0.18
23. 二甲苯	0.27
24. 苯并（a）芘	0.000 002
25. 甲醛	0.09
26. 乙醛	0.45
27. 丙烯醛	0.06
28. 甲醇	0.67
29. 酚类	0.35
30. 沥青烟	0.19
31. 苯胺类	0.21
32. 氯苯类	0.72
33. 硝基苯	0.17
34. 丙烯腈	0.22
35. 氯乙烯	0.55
36. 光气	0.04
37. 硫化氢	0.29
38. 氨	9.09
39. 三甲胺	0.32
40. 甲硫醇	0.04

续表

污染物	污染当量值/千克
41.甲硫醚	0.28
42.二甲二硫	0.28
43.苯乙烯	25
44.二硫化碳	20

【学中思】想一想，养鸡6 000羽的污染当量值相当于养多少头猪、多少头牛？

（二）排放量和噪声的分贝数的计算方法与顺序

（1）安装使用符合国家规定和监测规范的污染物自动监测设备的，按照污染物自动监测数据计算。

（2）未安装使用污染物自动监测设备的，按照监测机构出具的符合国家有关规定和监测规范的监测数据计算。

（3）因排放污染物种类多等原因不具备监测条件的，按照国务院环境保护主管部门规定的排污系数、物料衡算方法计算。

（4）不能按照第1～3项规定的方法计算的，按照各省、自治区、直辖市人民政府环境保护主管部门规定的抽样测算的方法核定计算。

【学中练·例6-3】某企业于2023年11月向水体直接排放第二类水污染物悬浮物（SS）、总有机碳（TOC）、挥发酚、氨氮各10千克。假设水污染物每污染当量税额按《环境保护税税目税额表》最低标准1.4元计算。

要求：请计算该企业7月水污染物应缴纳的环境保护税。

【解析】（1）计算各污染物的污染当量数

悬浮物（SS）：10÷4=2.5

总有机碳（TOC）:10÷0.49=20.41（《应税污染物和当量值表》中，对同一排放口中的化学需氧量、生化需氧量和总有机碳，只征收一项。按三者中污染当量数最高的一项收取）

挥发酚：10÷0.08=125

氨氮：10÷0.8=12.5

（2）按污染物的污染当量数排序（每一排放口的应税水污染物按照污染当量数从大到小排序，对其他类水污染物按照前三项征收环境保护税）。

挥发酚（125）＞总有机碳（20.41）＞氨氮（12.5）＞悬浮物（2.5）

（3）计算应纳税额

挥发酚：应纳税额=125×1.4=175（元）

总有机碳：应纳税额=20.41×1.4=28.57（元）

氨氮：应纳税额=12.5×1.4=17.5（元）

【学中练·例6-4】红山矿业公司于2023年11月产生尾矿2 000吨，其中综合利用的尾矿600吨（符合国家和地方环境保护标准）。尾矿适用税额按15元/吨计算。

要求：计算该公司尾矿应缴纳的环境保护税。

【解析】应纳税额=（2 000-600）×15=21 000（元）

☞ 税思育人 · 税规律心

什么是碳达峰、碳中和？

碳达峰，就是指在某一个时点，二氧化碳的排放不再增长达到峰值，之后逐步回落。

碳中和，是指国家、企业、团体或个人测算在一定时间内直接或间接产生的温室气体排放总量，通过植树造林、节能减排等形式，以抵消自身产生的二氧化碳或温室气体排放量，实现二氧化碳“零排放”。

实现碳中和是我国贯彻新发展理念，推动高质量发展的必然要求。我国对全世界宣布碳中和目标，除了响应《巴黎协定》约定，积极应对气候变化，彰显大国责任和担当外，在加速我国经济和能源转型方面具有高瞻远瞩的战略意义。

四、环境保护税的税收优惠

（一）暂予免征环境保护税

（1）农业生产（不包括规模化养殖）排放应税污染物的。

（2）机动车、铁路机车、非道路移动机械、船舶和航空器等流动污染源排放应税污染物的。

（3）依法设立的城乡污水集中处理场所、生活垃圾集中处理场所排放相应应税污染物，不超过国家和地方规定的排放标准的。

（4）纳税人综合利用的固体废物，符合国家和地方环境保护标准的。

（5）国务院批准免税的其他情形（由国务院报全国人民代表大会常务委员会备案）。

（二）减征环境保护税

（1）纳税人排放应税大气污染物或者水污染物的浓度值低于国家和地方规定的污染物排放标准30%的，减按75%征收环境保护税。

（2）纳税人排放应税大气污染物或者水污染物的浓度值低于国家和地方规定的污染物排放标准50%的，减按50%征收环境保护税。

五、环境保护税的征收管理

（一）纳税义务发生时间

纳税义务发生时间为纳税人排放应税污染物的当日。

（二）纳税地点

纳税人应当向应税污染物排放地的税务机关申报缴纳环境保护税。

（三）纳税期限

1.按期申报

按月计算，按季申报缴纳，应当自季度终了之日起15日内，向税务机关办理纳税申报并缴纳税款。

2.按次申报

不能按固定期限计算缴纳的，可以按次申报缴纳，应当自纳税义务发生之日起15日内，向税务机关办理纳税申报并缴纳税款。

线上拓税

环境保护税引导企业被动变主动

任务训练

一、单项选择题

1.下列项目中，应缴纳环境保护税的是（　　）。

A.直接向环境排放应税污染物的

B.向依法设立的污水集中处理场所排放应税污染物的

C.向依法设立的生活垃圾集中处理场所排放应税污染物的

D.在符合国家环境保护标准的设施、场所贮存或者处置固体废物的

2.环境保护税的征税范围不包括（　　）。

A.应税大气污染物　　B.应税水污染物

C.应税固体废物　　D.建筑噪声

3.每一排放口的应税大气污染物，按照污染当量数从大到小排序，对（　　）征收环境保护税。

A.前三项污染物　　B.后三项污染物

C.前五项污染物　　D.后五项污染物

4.环境保护税实行的征收办法是（　　）。

A.从价征收　　B.从量征收

C.从量从价征收　　D.折价征收

5.纳税义务发生时间为纳税人排放应税污染物的（　　）。

A.当日　　B.次日

C.当月　　D.次月

二、多项选择题

1.环境保护税的征税范围包括（　　）。

A.应税大气污染物　　B.应税水污染物

C.应税固体废物　　D.应税噪声

2.下列关于应税水污染物环境保护税征收项数的说法中，正确的有（　　）。

A.对第一类水污染物按照前三项征收环境保护税

B.对第一类水污染物按照前五项征收环境保护税

C.对其他类水污染物按照前三项征收环境保护税

D. 对其他类水污染物按照前五项征收环境保护税

3. 下列关于环境保护税的计税依据的说法中，正确的有（　　）。

A. 应税大气污染物按照污染物排放量折合的污染当量数确定

B. 应税水污染物按照污染物排放量折合的污染当量数确定

C. 应税固体废物按照固体废物的排放量确定

D. 应税噪声按照国家规定标准的分贝数确定

三、业务计算题

某企业于2023年11月向水体直接排放第一类水污染物总汞、总镉、总铬、总砷、总铅、总银各10千克，水污染物每污染当量税额按最低标准2.4元计算。

要求：计算该企业水污染物应缴纳的环境保护税。

参考答案

任务四　城市维护建设税

任务概要

本任务主要介绍城市维护建设税的基本要素和税额计算。通过学习，要求理解城市维护建设税的概念及特征，重点掌握城市维护建设税的基本法律规定以及应纳税额的计算。

【任务导入】

小王在实习工作期间非常好学，努力钻研业务，对增值税及附加税费的纳税申报很熟练。善于在国家税务总局网站上搜集税收资料的小王同学发现国家又更新了一些关于城市维护建设税的政策文件，想全面学习一下城市维护建设税的具体政策规定。

任务准备

一、城市维护建设税的概念及特征

（一）城市维护建设税的概念

城市维护建设税（简称城建税）是对缴纳增值税、消费税的单位和个人征收的一种税。

（二）城市维护建设税的特征

1. 属于一种附加税

城市维护建设税与其他税种不同，没有独立的征税对象或税基，而是以增值税、消费税“两税”实际缴纳的税额之和为计税依据，随“两税”同时附征，本质上属于一种附加税。

2.根据城建规模设计税率

一般来说，城镇越大，建设和维护所需的资金就越多。与此相适应，城市维护建设税按纳税人所在地不同，设置了3档地区差别比例税率。

3.征收范围较广

鉴于我国现行税制中，增值税、消费税为主体税种，城市维护建设税为附加税，原则上纳税人缴纳其中任何一个税种都必须缴纳城市维护建设税，因此征收范围比较广泛。

二、城市维护建设税的基本要素

（一）纳税人

城市维护建设税的纳税人是指负有缴纳增值税和消费税（以下简称“两税”）义务的单位和个人。

（二）征税范围

城市维护建设税的征税范围包括城市、县城、建制镇以及税法规定征税的其他地区。城市、县城、建制镇的范围应根据行政区划作为划分标准，不得随意扩大或缩小各行政区域的管辖范围。

【学中思】在征税范围上，提及城市、县城、建制镇的有哪几个税种？

（三）税率

城市维护建设税按纳税人所在地不同，设置了3档地区差别比例税率：

（1）纳税人所在地为市区的，税率为7%。

（2） 纳税人所在地为县城、镇的，税率为5%。

（3） 纳税人所在地不在市区及县城、镇的，税率为1%。

☞ 税思育人·税规律心

城市维护建设税法有哪些新变化？

2020年8月11日，第十三届全国人民代表大会常务委员会第二十一次会议表决通过城市维护建设税法，进一步推进了我国“税收法定”的进程。与以往相比，城市维护建设税法主要有以下变化：

一是取消了专项用途规定。随着预算制度的不断改革，自2016年起城市维护建设税收入已由一般公共预算统筹安排，不再指定专项用途。因此，城市维护建设税法不再规定城市维护建设税专项用途。

二是增加了增值税留抵退税涉及城市维护建设税的相关规定。为避免增加留抵退税企业的负担，明确从城市维护建设税的计税依据中扣除期末留抵退税退还的增值税税额。

三是为规范城市维护建设税的征管，城市维护建设税法明确规定了城市维护建设税的纳税义务发生时间、扣缴义务人、扣缴义务发生时间。

四是授权各省、自治区、直辖市具体确定纳税人所在地的规定。

三、城市维护建设税的计算

根据规定，城市维护建设税计税依据为纳税人依法实际缴纳的增值税和消费税“两税”税额。应当缴纳的“两税”税额，不含因进口货物或境外单位和个人向境内销售劳务、服务、无形资产缴纳的“两税”税额。

1. 依法实际缴纳的增值税税额，是指纳税人依照增值税相关法律法规和税收政策规定计算应当缴纳的增值税税额，加上增值税免抵税额，扣除直接减免的增值税税额和期末留抵退税额后的金额。

2. 依法实际缴纳的消费税税额，是指纳税人依照消费税相关法律法规和税收政策规定计算应当缴纳的消费税税额，扣除直接减免的消费税税额后的金额。其计算公式为：

城市维护建设税计税依据=依法实际缴纳的增值税税额+依法实际缴纳的消费税税额

依法实际缴纳的增值税税额=纳税人依照增值税相关法律法规和税收政策规定计算应当缴纳的增值税税额+增值税免抵税额−直接减免的增值税税额−留抵退税额

依法实际缴纳的消费税税额=纳税人依照消费税相关法律法规和税收政策规定计算应当缴纳的消费税税额−直接减免的消费税税额

应纳税额=（依法实际缴纳的增值税税额+依法实际缴纳的消费税税额）×适用税率

【学中练·例6-5】森林有限责任公司位于城区，2023年11月实际缴纳增值税350 000元、消费税720 000元，进口环节缴纳增值税120 000元、消费税200 000元。

要求：计算该公司应缴纳的城市维护建设税。

【解析】应纳税额=（350 000+720 000）×7%=74 900（元）

四、城市维护建设税的税收优惠

城市维护建设税原则上不单独减免，但因城市维护建设税又具附加税性质，当减免主税（增值税、消费税）时，相应的城市维护建设税也要减免。具体有以下三种情况：

（1）城市维护建设税随“两税”的减免而减免。

（2）对因减免“两税”而发生的退税，同时退还已纳的城市维护建设税。

（3）海关对进口产品代征的“两税”，不征收城市维护建设税；但对出口产品退还“两税”的，不退还已缴纳的城市维护建设税。

自2023年1月1日至2027年12月31日，对增值税小规模纳税人、小型微利企业和个体工商户减半征收资源税（不含水资源税）、城市维护建设税、房产税、城镇土地使用税、印花税（不含证券交易印花税）、耕地占用税和教育费附加、地方教育附加（简称“六税两费”）。

五、城市维护建设税的征收管理

城市维护建设税的纳税义务发生时间与“两税”的纳税义务发生时间一致，分别与“两税”同时缴纳。同时缴纳是指在缴纳“两税”时，应当在“两税”同一缴纳地点、同一缴纳期限内，一并缴纳对应的城市维护建设税。

采用委托代征、代扣代缴、代收代缴、预缴、补缴等方式缴纳“两税”的，应当同时缴纳城市维护建设税。

附：教育费附加和地方教育附加

一、教育费附加和地方教育附加的概念

教育费附加和地方教育附加是对缴纳增值税和消费税的单位和个人，就其实际缴纳的“两税”税额为计算依据征收的一种附加费。

二、教育费附加和地方教育附加的缴费人

凡缴纳增值税和消费税的单位与个人，均为教育费附加和地方教育附加的缴费人。

三、教育费附加和地方教育附加的计算

（一）计征依据

教育费附加和地方教育附加对缴纳增值税和消费税的单位与个人征收，以其实际缴纳的“两税”税额为计征依据，分别与“两税”同时缴纳。

（二）计征比例

教育费附加的征收比率为3%，地方教育附加的征收率为2%。

（三）计算方法

应缴纳的教育费附加和地方教育附加是由缴费人实际缴纳的“两税”税额决定的。其计算公式为：

应纳教育费附加=（增值税+消费税）×教育费附加率（3%或2%）

四、教育费附加和地方教育附加的优惠

1. 对海关进口的产品征收的增值税、消费税，不征收教育费附加。

2. 对由于减免增值税和消费税而发生退税的，可同时退还已征收的教育费附加；但对出口产品退还增值税、消费税的，不退还已征的教育费附加。

3. 对国家重大水利工程建设基金免征教育费附加。

4. 自2016年2月1日起，将免征教育费附加、地方教育附加的范围，由现行按月纳税的月销售额或营业额不超过3万元（按季度纳税的季度销售额或营业额不超过9万元）的纳税人，扩大到按月纳税的月销售额或营业额不超过10万元（按季度纳税的季度销售额或营业额不超过30万元）的纳税人。

五、教育费附加和地方教育附加的征收管理

教育费附加的纳税地点、纳税环节、纳税期限、纳税申报与城市维护建设税相同。

线上拓税

城市维护建设税征收管理解读

任务训练

一、单项选择题

1. 自2023年1月1日至2027年12月31日，实行“六税两费”优惠政策的纳税人不包括（　　）。

A. 一般纳税人　　B. 小规模纳税人

C. 小型微利企业　　D. 个体工商户

2. 下列对城市维护建设税的表述，不正确的是（　　）。

A. 城市维护建设税是一种附加税

B. 城市维护建设税的征税范围广泛

C. 海关对进口产品代征增值税、消费税、城市维护建设税

D. 根据现行预算制度，城市维护建设税法不再规定城市维护建设税专项用途

3. A企业设立于县城，计算缴纳城市维护建设税适用的税率是（　　）。

A. 7%　　B. 5%

C. 3%　　D. 1%

4. 甲生产企业地处市区，2023年10月份实际缴纳增值税28万元，当月委托位于县城的乙企业加工应税消费品，乙企业代收代缴消费税15万元。甲企业当月应缴纳的城市维护建设税（含代收代缴税款）为（　　）。

A. 1.96万元　　B. 0.75万元

C. 2.71万元　　D. 1.31万元

5. 以下关于城市维护建设税、教育费附加和地方教育附加的说法中，正确的是（　　）。

A. 对出口产品退还增值税、消费税的，应同时退还已缴纳的城市维护建设税

B. 进口环节代征增值税的，也要代征教育费附加和地方教育附加

C. 对出口产品退还增值税、消费税的，不退还已征的教育费附加

D. 对因减免“两税”而发生的退税，不退还已纳的城市维护建设税

二、多项选择题

1. 下列项目中，不得作为城市维护建设税及教育费附加的计算依据的有（　　）。

A. 进口货物缴纳的增值税税款　　B. 因漏缴增值税而缴纳的滞纳金

C. 因漏缴增值税而缴纳的罚款　　D. 补缴的消费税税款

2. 下列关于城市维护建设税的计税依据的表述中，正确的有（　　）。

A. 免征“两税”时，纳税人应同时免征城市维护建设税

B. 对出口产品退还增值税的，不退还已缴纳的城市维护建设税

C. 查补“两税”时，纳税人应同时对查补的“两税”补缴城市维护建设税

D. 纳税人违反“两税”有关规定而被加收的滞纳金，应作为城市维护建设税的计税依据

3. 下列行为中，需要缴纳城市维护建设税、教育费附加和地方教育附加的有（　　）。

A. 政府机关出租房屋的行为

B. 企业购买房屋的行为

C. 油田开采天然原油并销售的行为

D. 企业将土地使用权转让给农业生产者用于农业生产的行为

三、业务计算题

天宇电器公司设立在北京市市区，2023年12月份实际缴纳增值税45万元，税收滞纳金2万元。另外，该企业缴纳进口货物的增值税17万元、消费税30万元。

要求：计算该公司应缴纳的城市维护建设税、教育费附加和地方教育附加。

参考答案

主要参考文献

[1] 张卫平．税法 [M]．5版．大连：东北财经大学出版社，2023.

[2] 杨则文．税收基础 [M]．北京：中国财政经济出版社，2022.

[3] 贺志东．全税（费）种政策解读与案例分析 [M]．上海：立信会计出版社，2023.

[4] 中国注册会计师协会．税法：2023年度注册会计师全国统一考试辅导教材 [M]．北京：中国财政经济出版社，2023.